한달완성

한국어 중급 I 쓰기

연세대학교 한국어학당 편

연세대학교 대학출판문화원

한달완성
한국어 중급 I 쓰기

편 저 자 연세대학교 한국어학당 교재편찬위원회
집 필 진 조현선 · 김성숙 · 유연숙 · 안윤정
펴 낸 곳 연세대학교 대학출판문화원
주 소 서울특별시 서대문구 연세로 50
전 화 02)2123-3380~2
팩 스 02)2123-8673
E-mail ysup@yonsei.ac.kr
홈페이지 http://www.yonsei.ac.kr/press
등 록 1955년 10월 13일 제9-60호
그 림 이은황
인 쇄 (주)동국문화

2008년 6월 30일 1판 1쇄
2015년 9월 25일 1판 5쇄
ISBN 978-89-7141-829-1(03710)

값 15,000원

머리말

한국어 교육의 50년 전통을 이어 온 연세대학교 언어연구교육원 한국어학당에서는 한국어 교육의 질을 높이기 위해 다양한 교재를 편찬해 왔다. 요즘 한국과 한국 문화에 대한 세계인들의 관심이 높아지고 한국어를 배우고자 하는 해외 동포와 외국인이 늘면서 한국어 교재에 대한 학습자들의 요구도 다양해졌다. 이에 따라 연세대학교 언어연구교육원 한국어학당에서는 한국어 중급 학습자를 위해 말하기, 듣기, 쓰기 능력을 강화할 수 있는 교재를 출간하게 되었다. 이들 교재는 학습자들이 한국어를 배우면서 부족하다고 느끼는 기술별 한국어 능력을 보충할 수 있도록 하기 위해 만들어졌다. 각 교재는 학습자들이 필요와 목적에 따라 선택하여 집중적으로 기술별 한국어 능력을 향상할 수 있도록 구성되었다.

언어 교육은 목표 언어를 통한 의사소통 능력을 향상시키고 그 언어가 속한 사회와 문화를 이해하는 데 그 목적이 있다. 이를 위해서는 일정 수준의 언어 능력이 우선되어야 할 것이다. 이 교재는 짧은 시간에 기술별 한국어 능력을 강화시키고자 하는 학습자들에게 많은 도움이 될 것이며 한국어학당에서 출간된 회화 중심의 교재와 더불어 한국어 교육에 큰 몫을 담당하리라고 본다.

이들 교재는 한국어 중급 학습자를 위한 기술별 교재로는 첫 번째 시도인 만큼 부족한 부분도 있으리라 생각한다. 연세대학교 언어연구교육원 한국어학당 교재편찬위원회는 앞으로도 학습자들의 요구에 부응하는 보다 나은 교재를 개발하기 위해 최선을 다할 것이다.

연세대학교 언어연구교육원
한국어학당 교재편찬위원회

일러두기

- 한달완성 한국어 중급Ⅰ 쓰기는 초급 과정을 마친 한국어 학습자들이 실생활에서 자주 접할 수 있는 쓰기 텍스트를 통하여 한국어 쓰기 능력을 향상시키는 데 도움을 주고자 개발하였다.

- 본 교재는 초 · 중급의 기본 어휘와 문법을 사용하여 실용적 쓰기 텍스트를 완성하는 과정을 소개하였으므로 학습자는 어휘와 문법 활용 능력을 기르고 한국어 글쓰기 상황에서의 의사소통 능력도 기를 수 있다.

- 본 교재는 총 20개의 과로 이루어져 있다. 각 과는 제목, 학습 목표, 들어가기, 준비하기, 쓰기, 정리하기, 확인해 봅시다로 구성되어 있으며, 뒷부분에 모범 답안, 어휘 색인, 문법 색인이 있다.

    - 각 과의 제목은 그 과의 텍스트와 기능을 드러내는 표현으로 구성하였다.

    - 각 과의 학습 목표는 그 과에서 학습자들이 학습할 텍스트와 기능을 중심으로 제목 아래에 제시하였다.

    - 각 과는 들어가기, 준비하기, 쓰기, 정리하기, 확인해 봅시다의 활동으로 구성하였다.

들어가기 에는 도입 그림과 보기 글, 그리고 글쓰기를 도울 수 있는 두 개의 도입 질문을 제시하여 글의 형식과 주제에 대해 먼저 이야기를 나누고 글쓰기 과정에 들어갈 수 있도록 하였다.

준비하기 는 어휘 연습과 문법 표현 연습으로 이루어져 있다. 학습자가 텍스트와 관련된 어휘를 확장하고 해당 텍스트에 주로 쓰이는 문법을 연습하여 구체적 맥락 속에서 활용되는 문법을 익힐 수 있도록 하였다.

쓰기 는 글의 개요를 작성하기 위한 표 만들기 활동과 모범 예문으로 이루어져 있다. 이 단계에서는 학습자가 글의 개요를 짜기 위한 표를 만들어 각자의 마인드맵을 구성하고 나서 체계적으로 글을 쓰도록 하였다.

정리하기 는 쓰기 후 활동으로 교실에서 발표를 하고 좀 더 확장된 글쓰기 연습을 할 수 있는 두 개의 활동으로 이루어져 있다.

확인해 봅시다 에는 자기점검표를 제시하여 학습자가 자신의 글쓰기 활동을 되돌아보고 자신의 쓰기 능력이 어떻게 향상되어가는가를 확인할 수 있도록 하였다.

■ 어휘 색인에는 각 과에서 제시한 어휘 목록뿐만 아니라 활동에서 쓰인 주요 어휘들을 가나다순으로 정리하여 그 어휘가 실려 있는 쪽수와 함께 제시하였다.

- 본 교재는 연세 한국어 1, 2, 3의 어휘와 문법을 반영하였다.

내용 구성

과	제목	텍스트	어휘	문법 및 표현
1	댓글을 남겨 주세요	댓글	소개, 취미, 들르다	-어 가지고 -는 편이다
2	아침은 조금이라도 꼭 먹는다	결심하는 글	실천, 멀리하다, 최선을 다하다	보다는 -는다
3	반드시 손을 씻고 먹을 것	메모	연기, 전화 요망, 전하다	-음/-을 것 -는 대로
4	이 기회를 놓치지 마세요	광고	관심, 연락, 배달하다	-던 처럼
5	참석해 주시기 바랍니다	초대장	일시, 모시다, 축복하다	-으려고 하다 -기 바라다
6	싸게 사려면 어디로 가야 하나요?	지식검색글	답변, 구입하다, 추천하다	-으려면 -나요? -던데요
7	사랑하는 고모님께	편지	올림, 덕분에, 부탁하다	-을 텐데 -기는 하지만
8	쇠고기에다가 야채를 넣어서 잘 볶으세요	요리법	재료, 준비, 섞다	에다가 -어서
9	나라마다 그 나라를 상징하는 것이 있습니다	설명문	국기, 국화, 상징하다	-는 데다가 -어 있다
10	요즘 사람들은 건강에 관심이 많다	일기	일정, 반드시, 반성하다	-고 나서 -자고 해서

과	제목	텍스트	어휘	문법 및 표현
11	보내 주신 메일을 잘 받았습니다	이메일	사이트, 확인, 첨부하다	-던데 -으니까 -어 보세요
12	한번 가 볼 만한 곳입니다	설명문	수도, 관광지, 즐기다	-을 만하다 으로는 이/가 있다
13	대체로 마음에 듭니다	상품평	배송, 대체로, 아쉽다	-어 보니까 생각했던 것보다 -어 주셨으면 합니다
14	이 기사를 통해 새로운 사실을 알게 됐다	기사 발표문	요약, 의견, 신고하다	-은 -는다는 것이다 으로 볼 때 -을 거라고 생각하다
15	그럴 땐 나처럼 노랠 불러 봐	노래 가사	반짝반짝, 알쏭달쏭, 하하호호	-을 땐 -어 봐 -으면 -을 때가 있다
16	단오를 아십니까?	설명문	기념일, 행사, 정하다	-을 뿐만 아니라 -었으면 좋겠다
17	바다를 보러 갔다	기행 일기	일정, 숙소, 예약	-느라고 -을까 봐
18	이 노래를 들려 주세요	엽서	사연, 신청곡, 즐겨 듣다	-곤 하다 -는답니다
19	어찌나 감동적이었는지 눈물이 다 났다	영화평	장면, 인상적, 감동적	어찌나 -었는지 -는다면
20	'우리'는 정말 좋은 말이다	수필	시간, 고향, 친구	전만 해도 -을지도 모르겠다

차례

1과 댓글을 남겨 주세요

학습 목표 블로그나 홈페이지에 댓글을 쓸 수 있다.

들어가기

안녕하세요? 저는 일본에서 온 요코라고 합니다. 한국에 온 지 1년쯤 돼서 한국어는 좀 하지만 한국에 대해서 아직도 모르는 게 많습니다. 제 특기는 피아노이고 한국 드라마와 영화를 보는 것이 취미입니다. 저는 활발해서 누구하고나 쉽게 친해지는 편입니다. 2년 동안 한국어를 잘 배워 가지고 일본에 돌아가서 한국어 선생님이 되고 싶습니다.

한국에 있는 동안 좋은 친구를 많이 사귀고 싶어서 이 블로그를 만들었습니다. 한국에서 유학생활을 하는 외국인이나 외국인과 친구가 되고 싶은 한국 사람들은 댓글을 남겨 주세요.

10 댓글을 남겨 주세요

1. 여러분은 블로그나 홈페이지가 있습니까?

2. 블로그나 홈페이지에 댓글을 써 본 적이 있습니까?

준비하기

1. 블로그나 홈페이지에 댓글을 남길 때 필요한 어휘를 생각해 봅시다.

소개

취미

들르다

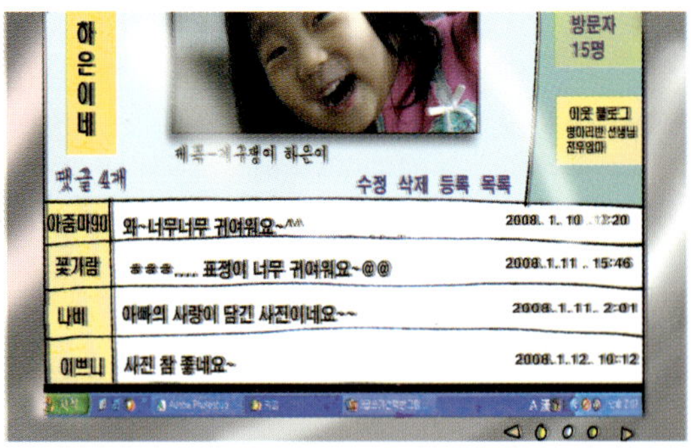

2. 다음 표현을 연습해 봅시다.

-어/아/여 가지고

◎ 쓰기 숙제를 해 가지고 오세요.

◎ 단어와 문형을 배워 가지고 재미있는 글을 써 봅시다.

◎ 한국말을 배워 가지고 한국 회사에서 일하고 싶습니다.

1) ______________________ 어/아/여 가지고 학교에 왔어요.

2) ______________________ 어/아/여 가지고 집을 살 거예요.

3) ______________________ 어/아/여 가지고 블로그에 올리고 싶어요.

4) ______________________ 어/아/여 가지고 노래 자랑 대회에 나갔어요.

5) ______________________ 어/아/여 가지고 컴퓨터 회사에 취직하고 싶습니다.

-는/은/ㄴ 편이다

◎ 저는 좀 일찍 자는 편입니다.

◎ 이 하숙집 음식이 좀 짠 편이다.

◎ 시험 점수가 90점이니까 잘 본 편입니다.

1) 날마다 6시쯤 일어나니까 ______________________.

2) 한국어가 영어에 비해서 ______________________.

3) 하루에 커피를 5잔쯤 마시니까 ______________________.

4) 우리나라는 한국에 비해서 물가가 ______________________.

5) 저는 ______________________.

쓰기

1. 요코 씨 블로그에 글을 남기려고 합니다. 다음 표를 완성하십시오.

	마이클의 글	나의 글
이름	마이클	
고향	미국 뉴욕	
한국에 온 이유	한국말을 배워 가지고 한국 회사에 취직하려고	
남기고 싶은 말	우리 영화 동아리에 들어 오세요.	

2. 다음과 같이 댓글을 쓰십시오.

안녕하세요? 저는 미국 뉴욕에서 온 마이클입니다. 저는 한국말을 좀 더 배워 가지고 한국에 있는 회사에 취직하려고 합니다. 저는 영화 음악을 좋아하는데 요코 씨 블로그에 다양한 영화 음악이 있어서 앞으로도 자주 방문할 것 같습니다.

한국에 유학 온 사람들끼리 만든 영화 동아리가 있는데 아세요? 매주 토요일 오후에 만나서 같이 영화도 보고 이야기도 나눕니다. 요코 씨도 우리 동아리에 들어오시면 좋겠는데요.

자르는 선

정리하기

1. 여러분이 쓴 댓글을 옆 친구와 바꿔서 읽어 봅시다.

2. 친구의 블로그나 홈페이지에 한국말로 댓글을 남겨 봅시다.

확인해 봅시다

	그렇다	보통이다	아니다
1. 댓글을 쓸 수 있습니까?	☐	☐	☐
2. 이 과에서 배운 표현을 잘 썼습니까?	☐	☐	☐
3. 전체적으로 앞 뒤 내용이 자연스럽게 연결됩니까?	☐	☐	☐
4. 맞춤법과 조사를 확인하기 위해 다시 읽어 봤습니까?	☐	☐	☐
5. 자기가 쓴 글에 몇 점을 주고 싶습니까?			/100

2과 아침은 조금이라도 꼭 먹는다

학습 목표 결심한 것을 문장으로 쓸 수 있다.

들어가기

건강한 생활을 위한 7가지 결심

1. 아침은 조금이라도 꼭 먹기
2. 될 수 있는 대로 엘리베이터보다는 계단을 이용하기
3. 과음, 과식, 과로하지 않기
4. 적어도 6시간은 자기
5. 컴퓨터 게임이나 도박을 멀리하기
6. 최선을 다 하고 70% 정도에 만족하기
7. 스트레스는 그때그때 풀기

2

1. 앞의 7가지 중에서 어떤 것을 지키고 있습니까?

2. 결심한 것을 글로 써 본 적이 있습니까?

준비하기

1. 결심한 것을 글로 쓸 때 필요한 어휘를 생각해 봅시다.

실천

멀리하다

최선을 다하다

2. 다음 표현을 연습해 봅시다.

보다는

◎ 튀긴 음식보다는 삶은 음식을 먹기.

◎ 커피나 탄산 음료보다는 전통차를 마시기.

◎ 눈을 위해서라면 콘택트렌즈보다는 안경을 쓰기.

1) 아이들에게 ______________________________보다는 칭찬을 하기.

2) 건강을 위해 ______________________________보다는 싱거운 음식을 먹기.

3) ______________________________보다는 대중교통을 이용하기.

4) ______________________________보다는 긍정적인 생각을 하기.

5) ____________________보다는 ____________________을/를 하기.

-는다/ㄴ다

◎ 일찍 자고 일찍 일어난다.

◎ 아무리 맛있어도 과식하지 않는다.

◎ 될 수 있는 대로 담배는 피우지 않는다.

1) 극장에서는 ______________________________.

2) 수영 전에는 ______________________________.

3) 하루에 한 번은 ______________________________.

4) 시험을 볼 때는 ______________________________.

5) 가족의 행복을 지키기 위해서 ______________________________.

2 아침은 조금이라도 꼭 먹는다

쓰기

1. 학교생활을 잘 하기 위해 결심하는 글을 쓰려고 합니다. 다음 표를 완성하십시오.

해야 하는 것	• 수업에 집중하기 • 숙제를 그날그날 하기 • 한국 사람과 이야기를 많이 하기	• • •
하면 안 되는 것	• 말할 때 실수를 겁내지 말 것 • 밤 늦게까지 술을 마시지 말 것 • 수업시간에 떠들지 말 것	• • •

O

X

2. 다음과 같이 결심하는 글을 쓰십시오.

학교생활을 잘 하기 위한 결심

1. 수업에 집중한다.
2. 숙제는 그날그날 꼭 한다.
3. 한국 사람과 이야기하는 기회를 많이 가진다.
4. 한국 사람과 말할 때 실수를 겁내지 않는다.
5. 밤 늦게까지 술을 마시지 않는다.
6. 수업시간에 떠들지 않는다.

1.

2.

3.

4.

5.

6.

자르는 선

정리하기

1. 반 친구들이 쓴 글을 들어 봅시다. 여러분과 같은 생각이 있습니까?

2. 여러분의 결심을 눈에 잘 띄는 곳에 붙이고 꼭 실천합시다.

확인해 봅시다

	그렇다	보통이다	아니다
1. 결심하는 글을 쓸 수 있습니까?	☐	☐	☐
2. 이 과에서 배운 표현을 잘 썼습니까?	☐	☐	☐
3. 전체적으로 앞 뒤 내용이 자연스럽게 연결됩니까?	☐	☐	☐
4. 맞춤법과 조사를 확인하기 위해 다시 읽어 봤습니까?	☐	☐	☐
5. 자기가 쓴 글에 몇 점을 주고 싶습니까?			/100

3과 반드시 손을 씻고 먹을 것

학습 목표 간단한 메모를 적을 수 있다.

들어가기

사랑하는 아들!
샌드위치가 냉장고 안에 있음.
다 먹지 말고 형 몫을 남겨 놓을 것.
TV를 보지 말고 숙제부터 할 것.
엄마는 7시쯤 들어오겠음.
※ 반드시 손을 씻고 먹을 것.

2시에 엄마가

1. 이런 메모를 받아 본 적이 있습니까?

2. 여러분은 언제 메모를 합니까?

준비하기

1. 메모를 적을 때 필요한 어휘를 생각해 봅시다.

연기

전화 요망

전하다

103동 1405호
안 계셔서 소포를 경비실에 맡겨 놓았습니다. 찾아가시기 바랍니다.
서대문우체국 박영수
2008. 3. 23 오전 10시

2. 다음 표현을 연습해 봅시다.

–음/ㅁ, –을/ㄹ 것

◎ 영화표를 예약해 놓았음.

◎ 들어오면 사무실로 전화할 것.

◎ 김 과장이 빨리 연락해 달라고 함.

	–었음/았음/였음.	–을/ㄹ 것.	–어/아/여 달라고 함.
전화하다			
연락하다			
전하다			
준비하다			
연기되다			
취소되다			

–는 대로

◎ 수업이 끝나는 대로 빨리 올 것.

◎ 출장에서 돌아오는 대로 전화 요망.

◎ 이 메모를 보는 대로 연락해 주세요.

1) ________________________________는 대로 연락해 주세요.

2) ________________________________는 대로 반납하기 바람.

3) ________________________________는 대로 빨리 내기 바람.

4) ________________는 대로 ________________께 말씀 드리기 바람.

5) ________________________________는 대로 전화하시기 바랍니다.

쓰기

1. 다음 전화 내용을 보고 각각 '-음'과 '-습니다'를 써서 메모 ①, ②를 완성하십시오.

김민수 : 여보세요. YS무역입니다.
마이클 : 저는 세연전자의 마이클이라고 하는데, 이진태 씨 좀 부탁합니다.
김민수 : 이진태 씨는 출장을 가셔서 밤늦게 돌아오시는데요. 저한테 말씀하시면 전해 드리겠습니다.
마이클 : 내일 10시 회의가 모레 11시로 연기되었습니다.
그리고 장소도 1층 대회의실에서 3층 세미나실로 바뀌었습니다.
김민수 : 더 전하실 말씀은 없습니까?
마이클 : 돌아오시는 대로 저에게 전화 좀 해 달라고 전해 주시겠습니까?
김민수 : 네, 알겠습니다. 그렇게 전해 드리겠습니다.

① 이진태 씨, 세연전자의 마이클 씨에게서 전화가 왔음.
내일 10시 회의가 ________________________.
장소도 ________________________.
돌아오는 대로 ________________________.
10월 22일 오후 2시 김민수

② 이진태 과장님, 세연전자의 마이클 씨에게서 전화가 왔습니다.
내일 10시 회의가 ________________________.
장소도 ________________________.
돌아오는 대로 ________________________.
10월 22일 오후 2시 김민수

2. 다음 글을 완성하십시오.

(1) 오늘 친구가 또 결석했습니다. 선생님께서는 그 친구가 내일도 결석하면 4급에 올라갈 수 없다고 합니다. 내일은 단어 시험이 있습니다. 친구에게 문자 메시지를 보내서 이 내용을 알리십시오.

제니야,

____

____

____

____

____

(2) 여러분 다음에 하숙집(기숙사)에 들어올 사람에게 도움이 될 이야기를 메모해서 전해 주려고 합니다. 그 내용을 보기와 같이 쓰십시오.

슈퍼마켓 이용 : 길 건너 슈퍼에서는 날마다 오후 5시부터 30분 동안 물건을 아주 싸게 팝니다.

식사 시간 :

옆방 사람 :

주의할 점 :

자르는 선

정리하기

1. 친구들의 메모 내용을 들어 봅시다. 어디에 살고 싶습니까?

2. 주변 사람들에게 따뜻한 마음이 담긴 메모를 써 봅시다.

확인해 봅시다

	그렇다	보통이다	아니다
1. 메모를 적을 수 있습니까?	☐	☐	☐
2. 이 과에서 배운 표현을 잘 썼습니까?	☐	☐	☐
3. 전체적으로 앞 뒤 내용이 자연스럽게 연결됩니까?	☐	☐	☐
4. 맞춤법과 조사를 확인하기 위해 다시 읽어 봤습니까?	☐	☐	☐
5. 자기가 쓴 글에 몇 점을 주고 싶습니까?			/100

4과 이 기회를 놓치지 마세요

학습 목표 물건을 파는 광고문을 쓸 수 있다.

들어가기

저는 다음 달에 일본으로 돌아갑니다.
그래서 쓰던 소파와 냉장고를 싸게 팔려고 합니다.
소파는 갈색인데 길고 넓어서 침대처럼 쓸 수도 있습니다.
냉장고는 산 지 1년 됐지만 새 것처럼 깨끗하고 튼튼합니다.
소파는 7만원이고 냉장고는 10만원입니다.
배달 요금은 제가 부담하겠습니다.
관심이 있으신 분은 연락 주세요.

010-498-＊＊＊＊

1. 가지고 있는 물건 중에서 무엇을 팔고 싶습니까?

2. 그 물건은 어떤 물건입니까? 설명해 보십시오.

준비하기

1. 광고를 쓸 때 필요한 어휘를 생각해 봅시다.

관심

연락

배달하다

2. 다음 표현을 연습해 봅시다.

-던

◎ 아버지가 쓰시던 자동차를 형이 씁니다.

◎ 아이들이 타던 세발자전거를 싸게 팝니다.

◎ 옛날에 즐겨 듣던 노래를 다시 듣고 싶어요.

1) 경복궁은 ________________________________던 곳입니다.

2) 이건 ________________________________던 전자사전입니다.

3) ____________________던 ____________을/를 제게 주셨습니다.

4) ____________________________던 전자레인지를 팔려고 합니다.

5) ______________________던 화분인데 마음에 드시면 드리겠습니다.

처럼

◎ 새 것처럼 깨끗하고 튼튼합니다.

◎ 그 남자는 농구선수처럼 키가 커요.

◎ 내 동생은 고양이처럼 엎드려서 잠을 잡니다.

1) 오늘 날씨는 ______________________________처럼 덥습니다.

2) 네가 한 목걸이는 ___________________________처럼 보인다.

3) 학생 식당의 김치는 __________________________처럼 맛있다.

4) 내 친구는 공부를 안 해서 교과서가 __________________처럼 깨끗하다.

5) 우리 집사람은 평소에는 ________________________처럼 착하지만

화가 나면 __________________처럼 __________________.

쓰기

1. 물건을 팔려고 합니다. 다음 표를 완성하십시오.

팔고 싶은 물건은 무엇입니까?	벽걸이형 텔레비전	
왜 팔려고 합니까?	미국에 돌아가게 돼서	
크기가 어떻습니까?	작은 디지털 TV	
어떤 점이 좋습니까?	음질과 화질	
언제 샀습니까?	6개월 전에	
얼마에 팔겠습니까?	10만원	
연락처	010-9876-****	

2. 다음과 같이 광고문을 쓰십시오.

벽걸이형 텔레비전을 싸게 팝니다.

회사일 때문에 갑자기 미국으로 돌아가게 되었습니다.

제가 쓰던 벽걸이형 텔레비전을 팔려고 합니다.

구입한 지 6개월밖에 안 된 작은 디지털 TV인데

음질도 좋고 화질도 좋습니다.

관심이 있으시면 010-9876-＊＊＊＊로 전화해 주세요.

※ 아주 좋은 물건입니다. 이 기회를 놓치지 마세요!

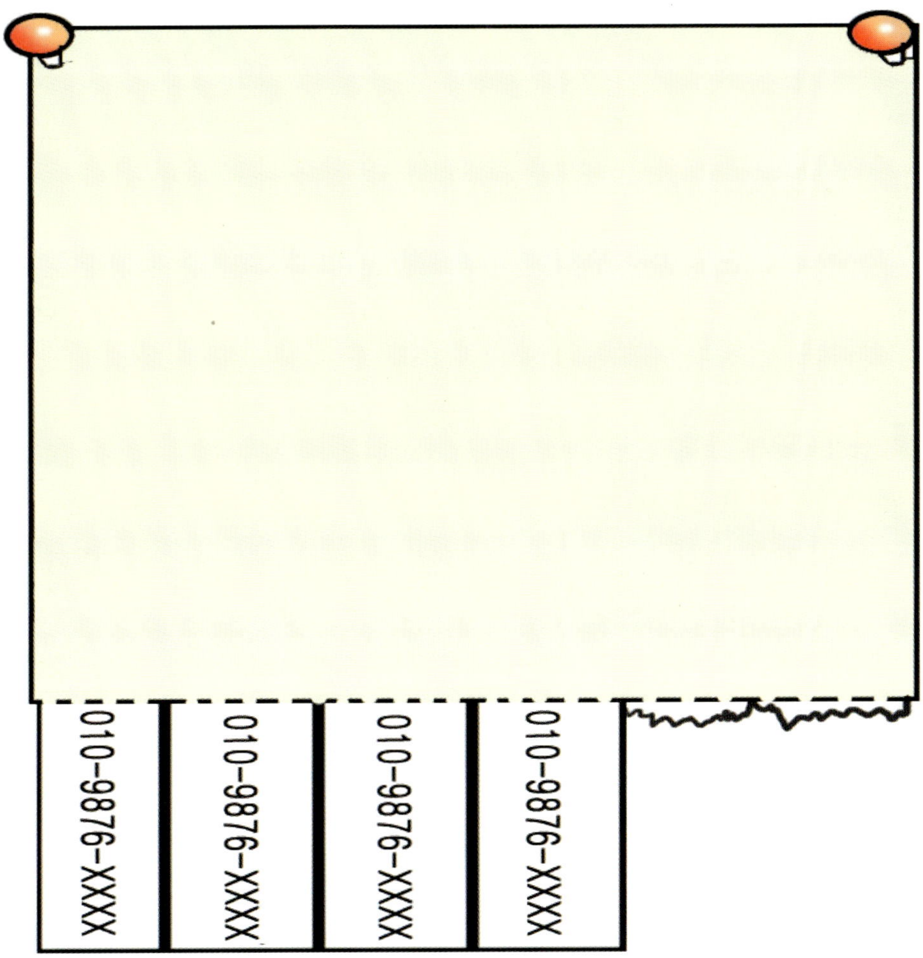

자르는 선

정리하기

1. 친구들의 광고를 들어 봅시다. 무엇을 사고 싶습니까?

2. 팔고 싶은 물건이 있으면 게시판에 광고문을 붙여 봅시다.

확인해 봅시다

	그렇다	보통이다	아니다
1. 팔고 싶은 물건의 광고문을 쓸 수 있습니까?	□	□	□
2. 이 과에서 배운 표현을 잘 썼습니까?	□	□	□
3. 전체적으로 앞 뒤 내용이 자연스럽게 연결됩니까?	□	□	□
4. 맞춤법과 조사를 확인하기 위해 다시 읽어 봤습니까?	□	□	□
5. 자기가 쓴 글에 몇 점을 주고 싶습니까?			/100

5과 참석해 주시기 바랍니다

학습 목표 초대장을 쓸 수 있다.

들어가기

푸른 하늘을 사랑하는 여자와
그 여자를 사랑하는 남자가 있습니다.
넓은 바다를 사랑하는 남자와
그 남자를 사랑하는 여자가 있습니다.
바로 오늘, 그 여자와 남자가 만나서
푸른 하늘과 넓은 바다가 어울리는 풍경을 만들어 보려고 합니다.
바쁘시더라도 오셔서 축복해 주시기 바랍니다.

김영수 · 윤미선의 장남 재준
박세훈 · 이순정의 차녀 미라

일시 : 2008년 5월 24일 오후 1시
장소 : 서울 웨딩홀

1. 한국에서 초대장을 받은 일이 있습니까?

2. 초대장에 무엇을 씁니까?

준비하기

1. 청첩장이나 초대장을 쓸 때 필요한 어휘를 생각해 봅시다.

일시

모시다

축복하다

2. 다음 표현을 연습해 봅시다.

-으려고/려고 하다

◎ 저는 이번 방학에 해외여행을 가려고 합니다.

◎ 저는 한국어학당에서 6급까지 공부하려고 합니다.

◎ 마이클은 2년쯤 직장생활을 한 후에 결혼하려고 합니다.

1) 한국에서 ______________________________________으려고/려고 합니다.

2) 이번 주말에 ______________________________________으려고/려고 해요.

3) 돈을 많이 벌면______________________________________으려고/려고 해요.

4) 한국어학당을 졸업하고 ______________________________________으려고/려고 해요.

5) 오늘 오후에 친구와 같이 ______________________________________으려고/려고 한다.

-기 바라다

◎ 동창회에 참석해 주시기 바랍니다.

◎ 오셔서 축복해 주시기 바랍니다.

◎ 유학을 가서 몸조심하기 바란다.

1) 건강을 위해서 ______________________________________기 바랍니다.

2) 밀린 회비를 빨리 ______________________________________기 바랍니다.

3) 제 생일 파티에 ______________________________________기 바랍니다.

4) 결혼하는 저희 두 사람을 ______________________________________기 바랍니다.

5) 동문회에 ______________________________________기 바란다.

쓰기

1. 초대장을 쓰려고 합니다. 다음 표를 완성하십시오.

모임 종류	반 모임	
참석자	선생님, 반 친구들	
일시	2008년 6월 5일 오후 6시	
장소	신촌갈비 2층	
회비	2만원	

2. 다음과 같이 초대장을 쓰십시오.

반 모임

처음 만나서 낯설기만 하던 1주일이 지났네요.
잘 아는 친구도 있고 잘 모르는 친구도 있을 텐데,
이번 주 금요일에 우리 반 모임을 갖는 게 어때요?
선생님도 모시고 식사를 하려고 하니까 바쁘더라도
꼭 시간을 내 주시기 바랍니다.

일시 : 2008년 6월 5일 오후 6시

장소 : 신촌갈비 2층

회비 : 2만원

______________모임

일시 : ______년 ____월 ____일 ____시

장소 : ____________________

회비 : ____________________원

자르는 선

정리하기

1. 여러분은 어느 모임에 참석하고 싶습니까?

2. 생일에 친구를 초대하는 글을 써 봅시다.

확인해 봅시다

	그렇다	보통이다	아니다
1. 청첩장과 초대장을 쓸 수 있습니까?	☐	☐	☐
2. 이 과에서 배운 표현을 잘 썼습니까?	☐	☐	☐
3. 전체적으로 앞 뒤 내용이 자연스럽게 연결됩니까?	☐	☐	☐
4. 맞춤법과 조사를 확인하기 위해 다시 읽어 봤습니까?	☐	☐	☐
5. 자기가 쓴 글에 몇 점을 주고 싶습니까?			/100

6과 싸게 사려면 어디로 가야 하나요?

학습 목표 필요한 정보를 묻거나 알려줄 수 있다.

들어가기

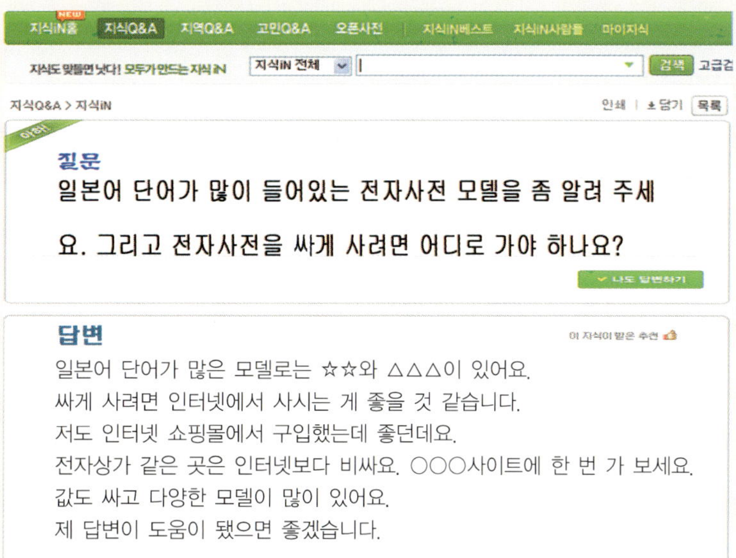

지식iN홈 지식Q&A 지역Q&A 고민Q&A 오픈사전 지식iN베스트 지식iN사람들 마이지식

지식도 맞들면 낫다! 모두가 만드는 지식iN 지식iN 전체 검색 고급검

지식Q&A > 지식iN 인쇄 | 담기 목록

질문

일본어 단어가 많이 들어있는 전자사전 모델을 좀 알려 주세요. 그리고 전자사전을 싸게 사려면 어디로 가야 하나요?

나도 답변하기

답변 이 지식이 맞은 추천

일본어 단어가 많은 모델로는 ☆☆와 △△△이 있어요.
싸게 사려면 인터넷에서 사시는 게 좋을 것 같습니다.
저도 인터넷 쇼핑몰에서 구입했는데 좋던데요.
전자상가 같은 곳은 인터넷보다 비싸요. ○○○사이트에 한 번 가 보세요.
값도 싸고 다양한 모델이 많이 있어요.
제 답변이 도움이 됐으면 좋겠습니다.

6 싸게 사려면 어디로 가야 하나요?

1. 인터넷을 이용해서 제일 많이 하는 것이 무엇입니까?

2. 한국어 사이트에서 정보를 찾을 때 무엇이 어렵습니까?

준비하기

1. 인터넷에서 필요한 정보를 묻거나 알려줄 때 필요한 어휘를 생각해 봅시다.

답변

구입하다

추천하다

2. 다음 표현을 연습해 봅시다.

-으려면/려면 -나요?/은/ㄴ가요?

◎ 취미로 기타를 배우려면 어디가 좋은가요?

◎ 감기에 걸리지 않으려면 어떻게 해야 하나요?

◎ 휴대전화나 MP3 같은 전자제품을 싸게 사려면 어디가 좋은가요?

1) 한국말을 잘 하려면 ______________________________ 나요?/은/ㄴ가요?

2) 직장생활을 잘 하려면 ______________________________ 나요?/은/ㄴ가요?

3) ______________________________ 으려면/려면 어떻게 해야 하나요?

4) ______________________________ 으려면/려면 어디로 가는 게 좋은가요?

5) ______________________ 으려면/려면 ______________________?

-던데요

◎ 그 사람이 생각했던 것보다 성격이 좋던데요.

◎ 미선 씨가 만들어 가지고 온 도시락이 아주 맛있던데요.

◎ 한국에 살아 보니까 생각했던 것보다 생활비가 많이 들던데요.

1) 유학생활이 ______________________________.

2) 설악산에 가 봤는데 ______________________________.

3) 번역 일을 해 봤는데 ______________________________.

4) 인사동에 가 보니까 ______________________________.

5) 기숙사에 살아 보니까 ______________________________.

6 싸게 사려면 어디로 가야 하나요?

쓰기

1. 필요한 정보를 알아 보는 글을 쓰려고 합니다. 다음 표를 완성하십시오.

알고 싶은 것	• 기타를 싸게 살 수 있는 곳 • 기타 가격	• •
이유	기타를 배우고 싶어서	

2. 다음과 같이 필요한 정보를 알아 보는 글을 쓰십시오.

> 취미로 기타를 배우려고 합니다.
> 기타를 싸게 구입하려면 어디가 좋은가요?
> 값이 어느 정도인지도 알려 주세요.

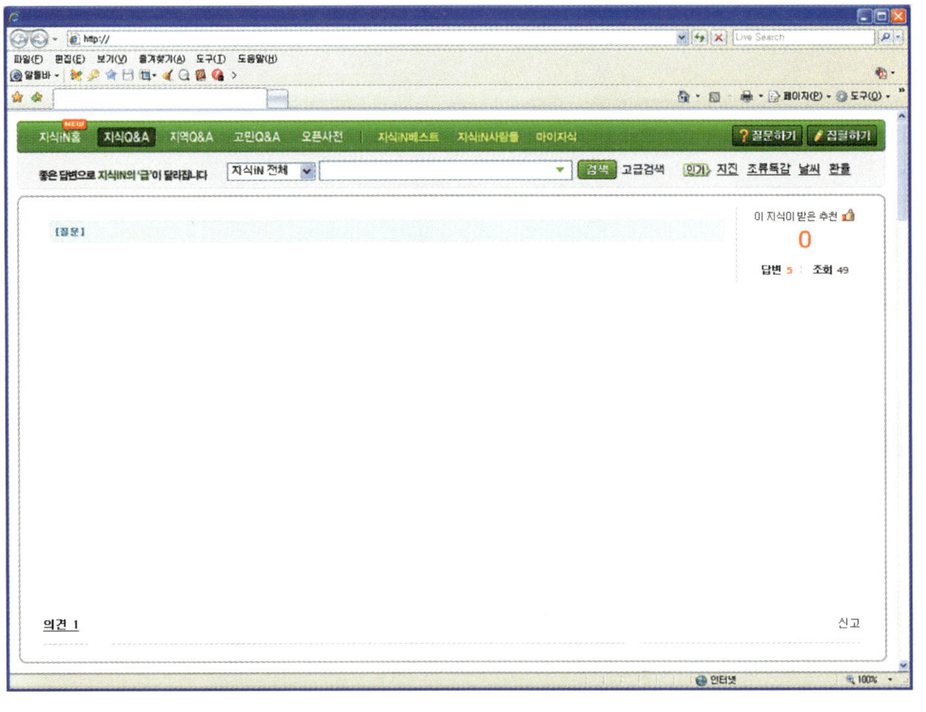

3. 필요한 정보를 알려 주려고 합니다. 다음 표를 완성하십시오.

주고 싶은 정보	• 싸게 구입할 수 있는 곳 : 악기 전문 사이트 • 가격 : 10만 원 정도	• •
참고 사항	너무 큰 것은 사지 말 것	

4. 다음과 같이 답변을 쓰십시오.

기타를 싸게 구입하시려면 여러 악기 전문 사이트에 가 보세요. 거기에 들어가 보니까 싸고 괜찮은 기타들이 많던데요. 전문가용이 아니면 10만 원 정도에 살 수 있어요. 초보자한테는 너무 크지 않은 기타가 좋으니까 참고하세요. 제 답변이 도움이 되셨기를 바랍니다.

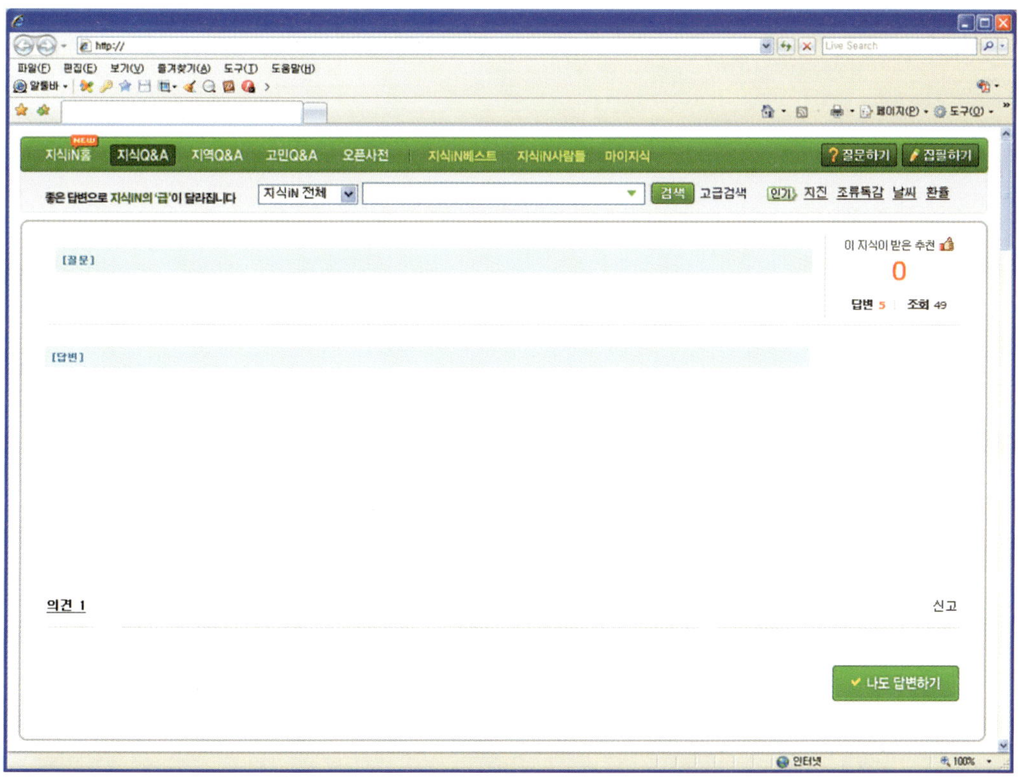

자르는 선

정리하기

1. 반 친구가 쓴 글을 들어 봅시다. 새로 알게 된 정보가 있습니까?

2. 인터넷에 필요한 정보를 알아 보는 글을 써 봅시다.

확인해 봅시다

	그렇다	보통이다	아니다
1. 인터넷에서 필요한 정보를 묻거나 알려줄 수 있습니까?	□	□	□
2. 이 과에서 배운 표현을 잘 썼습니까?	□	□	□
3. 전체적으로 앞 뒤 내용이 자연스럽게 연결됩니까?	□	□	□
4. 맞춤법과 조사를 확인하기 위해 다시 읽어 봤습니까?	□	□	□
5. 자기가 쓴 글에 몇 점을 주고 싶습니까?			/100

7과 사랑하는 고모님께

학습 목표 부탁하는 편지를 쓸 수 있다.

들어가기

사랑하는 고모님께

제가 한국에 온 지 벌써 6개월이 지났네요. 저는 고모님 덕분에 잘 지내고 있습니다. 사촌 동생들이 아직 어려서 힘드실 텐데 저에게까지 따뜻하게 마음을 써 주셔서 정말 고맙습니다.

고모님, 사실은 1주일 후에 아주 중요한 시험이 있어서 제가 요즘 공부할 게 좀 많아요. 도서관에서 9시까지 공부하고 올 테니까 1주일 동안만 밤 9시 이후에 동생들이 저를 방해하지 않았으면 좋겠어요. 사촌 동생들이 아주 귀엽긴 하지만 제 방에 와서 떠들면 공부에 집중하기가 어려워요. 이런 부탁을 드려서 정말 죄송해요. 시험이 끝나면 제가 사촌들 공부도 봐주고 고모님 일도 많이 도와 드릴게요. 그럼 이만 줄이겠습니다.

2007년 12월 3일 조카 민수 올림

1. 민수는 무엇을 부탁하려고 이 편지를 썼습니까?

2. 직접 말로 하기 어려운 부탁은 무엇입니까?

준비하기

1. 부탁하는 글을 쓸 때 필요한 어휘를 생각해 봅시다.

올림

덕분에

부탁하다

2. 다음 표현을 연습해 봅시다.

-을/ㄹ 텐데

◎ 피곤할 텐데 이 허브차 좀 드세요.

◎ 바쁘실 텐데 이렇게 와 주셔서 감사합니다.

◎ 회사 일로 힘드실 텐데 이런 일까지 부탁을 드려서 죄송합니다.

1) 아침을 못 먹어서 ______________________을/ㄹ 텐데 이것 좀 먹어 봐.

2) 일이 많아서 ______________________을/ㄹ 텐데 제가 좀 도와 드릴까요?

3) ______________________________________을/ㄹ 텐데 좀 쉬세요.

4) ______________________________을/ㄹ 텐데 이렇게 도와 주셔서 고맙습니다.

5) ______________________________을/ㄹ 텐데 ______________________.

-기는 하지만

◎ 이 책은 재미있기는 하지만 너무 두꺼워요.

◎ 친척 집이 가깝고 좋기는 하지만 오래 같이 지내기가 좀 불편해요.

◎ 한국말이 재미있기는 하지만 가끔은 공부하기가 힘들 때가 있습니다.

1) 내 친구는 ______________________________기는 하지만 좀 게으릅니다.

2) 담배를 끊는 게 ______________________기는 하겠지만 한번 노력해 보세요.

3) 이 휴대전화는 ______________________________기는 하지만 너무 비싸요.

4) 대도시가 ______________________________기는 하지만 공기가 나쁩니다.

5) ______________이/가 ______________기는 하지만 ______________________.

쓰기

1. 여러분은 누구에게 어떤 부탁을 하고 싶습니까? 다음 표를 완성하십시오.

		요코의 부탁	나의 부탁
누구에게		하숙집 아주머니	
상황	좋은 점	• 분위기가 가족적이다. • 음식이 맛있다.	• •
	나쁜 점	• 컴퓨터가 없다. • 아침을 꼭 7시에 먹어야 한다.	• •
부탁할 내용		• 함께 쓸 수 있는 컴퓨터를 사 주세요. • 식사 시간을 좀 자유롭게 해 주세요.	• •

2. 다음과 같이 부탁하는 편지를 써 봅시다.

아주머니께

아주머니 덕분에 한국 생활이 즐겁습니다. 정말 감사합니다.

요즘 우리 하숙집 근처에 현대식 고시원이 많이 생겨서 하숙생이 좀 줄었지요? 그러나 저는 분위기가 가족적인 우리 하숙집이 더 좋습니다. 그런데 고시원에 사는 친구들의 말을 들으니까 거기는 방마다 컴퓨터가 있어서 인터넷 사용이 가능하대요. 돈이 좀 들기는 하겠지만 우리 하숙집에서도 컴퓨터를 한 대 사서 모두 같이 쓰면 어떨까요?

그리고 아주머니, 한 가지 더 부탁을 드릴게요. 아침잠이 많은 저는 7시에 아침을 먹는 게 좀 부담스러워요. 그냥 제가 일어나서 아무 때나 차려 먹을 수 있었으면 좋겠습니다. 설거지는 제가 해 놓을게요. 아주머니도 힘드실 텐데 이렇게 부탁을 드려서 정말 죄송해요. 저희 하숙생들을 가족처럼 대해 주시는 아주머니, 늘 건강하세요. 그럼 이만 줄이겠습니다.

2008년 3월 29일 요코 올림

자르는 선

정리하기

1. 친구의 편지를 읽어 봅시다. 부탁한 내용이 무엇입니까?

2. 여러분이 이 편지를 받는다면 그 부탁을 들어 주겠습니까?

확인해 봅시다

	그렇다	보통이다	아니다
1. 부탁하는 글을 쓸 수 있습니까?	☐	☐	☐
2. 이 과에서 배운 표현을 잘 썼습니까?	☐	☐	☐
3. 전체적으로 앞 뒤 내용이 자연스럽게 연결됩니까?	☐	☐	☐
4. 맞춤법과 조사를 확인하기 위해 다시 읽어 봤습니까?	☐	☐	☐
5. 자기가 쓴 글에 몇 점을 주고 싶습니까?			/100

8과 쇠고기에다가 야채를 넣어서 잘 볶으세요

학습 목표 요리법을 소개하는 글을 쓸 수 있다.

들어가기

불고기를 만드는 방법

재료 : 

먼저 불고기용 쇠고기 육백 그램에 양파와 배를 한 개씩 썰어 넣어서 고기와 섞으십시오. 여기에다가 간장 일곱 숟갈하고 파, 마늘, 후추, 참기름, 포도주도 조금 넣습니다.

설탕은 몸에 좋지 않으니까 넣지 마십시오. 배가 달기 때문에 설탕을 넣지 않아도 괜찮습니다. 고추, 당근, 버섯 등을 넣으면 더 맛이 있습니다. 양념이 된 고기를 냉장고에 넣어 두었다가 한 두 시간쯤 후에 꺼내서 중간 불로 잘 볶으면 됩니다.

8 쇠고기에다가 야채를 넣어서 잘 볶으세요

1. 불고기를 만들 수 있습니까?

2. 자신있게 할 수 있는 요리는 무엇입니까?

준비하기

1. 요리법을 소개하는 글을 쓸 때 필요한 어휘를 생각해 봅시다.

재료

준비

섞다

2. 다음 표현을 연습해 봅시다.

에다가

◎ 삼계탕에다가 소금을 조금 넣어서 드세요.

◎ 학교 공부에다가 회사 일까지 해야 해서 눈코 뜰 새가 없어요.

◎ 아침에 오는 대로 선생님 책상 위에다가 숙제 공책을 올려 놓으십시오.

1) 눈이 내리면 자동차 ________________에다가 스노체인을 감아야 합니다.

2) ________________에다가 식초를 좀 넣어서 드시면 더 맛있습니다.

3) ________________에다가 친구들의 이름과 전화번호를 적었어요.

4) 빵에다가 ________________.

5) 꽃병에다가 ________________.

-어서/아서/여서

◎ 양파를 작게 썰어서 고기와 섞으세요.

◎ 아침마다 당근을 갈아서 마시면 좋습니다.

◎ 계란의 노른자와 흰자를 나눠서 많이 저으십시오.

1) 초밥은 ________________어서/아서/여서 드세요.

2) 이 약은 뚜껑을 ________________어서/아서/여서 돌려야 열립니다.

3) 여름철에는 물을 ________________어서/아서/여서 마셔야 합니다.

4) 이번 파티 때 친구들과 고기를 ________________어서/아서/여서 먹을 거예요.

5) 볶음밥을 만들 때는 ________________어서/아서/여서 잘 볶아야 해요.

쓰기

1. 여러분이 잘 만들 수 있는 음식은 무엇입니까? 다음 표를 완성하십시오.

이름	뉴질랜드 아이스크림	
재료	달걀 2개, 설탕 한 숟갈, 연유 200그램, 생크림 300밀리리터, 과자, 호두, 건포도	
요리 방법	1. 달걀 흰자에 설탕을 넣고 많이 젓는다. 2. 생크림도 많이 젓는다. 3. 연유와 달걀 노른자를 섞는다. 4. 다 섞어서 냉동실에 넣는다.	
기타 사항	여기에다가 과자, 호두, 건포도 등을 섞으면 더 맛있다.	

2. 다음과 같이 소개하고 싶은 요리법을 쓰십시오.

뉴질랜드 아이스크림

재료 : 달걀 2개, 설탕 한 숟갈, 연유 200그램,

생크림 300밀리리터, 과자, 호두, 건포도 등

먼저 달걀 흰자에 설탕을 넣고 많이 저으십시오.

그리고 생크림도 많이 저으십시오.

그런 다음 연유와 달걀 노른자를 잘 섞으십시오.

마지막으로 모든 재료를 모두 부드럽게 섞어서 냉동실에 넣으십시오.

여기에다가 좋아하는 과자나 호두, 건포도 등을 섞어도 좋습니다.

자르는 선

정리하기

1. 친구들의 글을 들어 봅시다. 무엇을 먹고 싶습니까?

2. 친구의 요리법을 배워 가지고 집에 가서 만들어 보십시오.

확인해 봅시다

	그렇다	보통이다	아니다
1. 요리법을 소개하는 글을 쓸 수 있습니까?	□	□	□
2. 이 과에서 배운 표현을 잘 썼습니까?	□	□	□
3. 전체적으로 앞 뒤 내용이 자연스럽게 연결됩니까?	□	□	□
4. 맞춤법과 조사를 확인하기 위해 다시 읽어 봤습니까?	□	□	□
5. 자기가 쓴 글에 몇 점을 주고 싶습니까?			/100

9과 나라마다 그 나라를 상징하는 것이 있습니다

학습 목표 자기 나라의 상징을 소개하는 글을 쓸 수 있다.

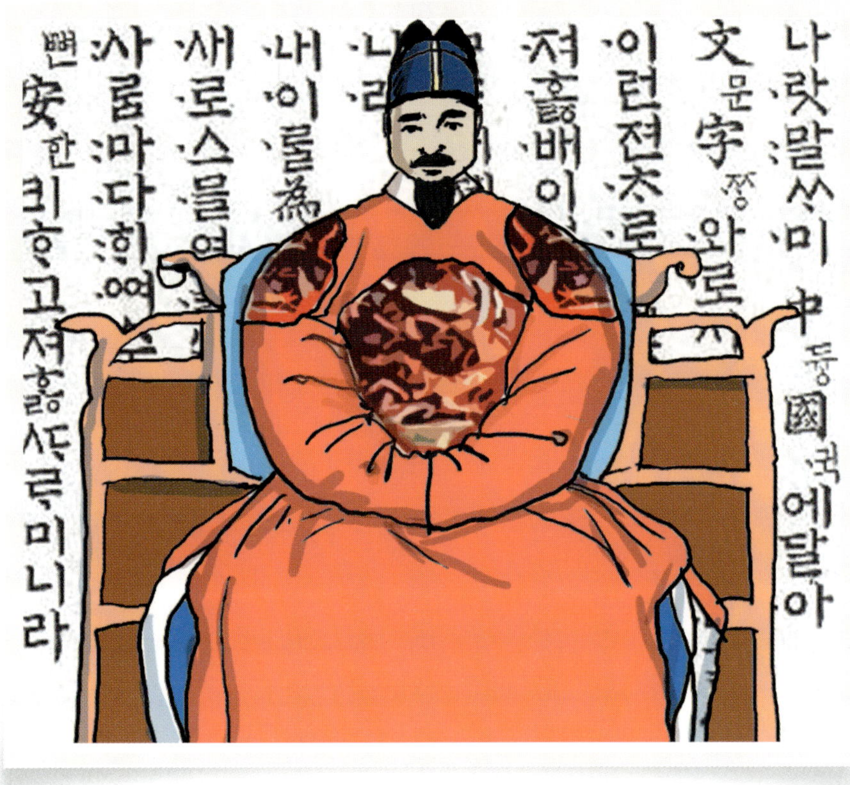

들어가기

나라마다 그 나라를 상징하는 것이 있습니다. 한글, 김치, 태권도, 태극기, 무궁화 등은 한국을 상징하는 대표적인 것들입니다.

그 가운데 한글에는 백성을 사랑하는 세종대왕의 마음이 들어 있습니다. 한글은 소리 글자여서 읽기도 쉬운 데다가 아주 과학적인 글자입니다. 그래서 유네스코 세계 문화 유산 중의 하나가 됐습니다.

10월 9일 한글날은 한글이 만들어진 것을 기념하는 날입니다. 요즘 전세계적으로 한글을 배우는 사람들이 늘고 있습니다. 저는 이러한 한글에 자부심을 느낍니다.

9 나라마다 그 나라를 상징하는 것이 있습니다

1. 한글을 배우기가 어떻습니까?

2. 여러분 나라를 상징하는 것은 무엇입니까?

준비하기

1. 나라의 상징을 설명하는 글을 쓸 때 필요한 어휘를 생각해 봅시다.

국기

국화

상징하다

2. 다음 표현을 연습해 봅시다.

–는/은/ㄴ 데다가

◎ 내 여자 친구는 얼굴도 예쁜 데다가 마음씨도 곱다.

◎ 공부도 잘 하는 데다가 운동까지 잘 하는 형이 정말 부럽다.

◎ 오늘은 시험을 잘 못 본 데다가 계단에서 넘어지기까지 했습니다.

1) 요즘 가수는 ________________________________는/은/ㄴ 데다가 연기도 잘 한다.

2) 우리 회사는 _____________________________는/은/ㄴ 데다가 분위기도 좋습니다.

3) 작은 차는 _____________________________는/은/ㄴ 데다가 주차하기도 편합니다.

4) 오늘은 _____________________는/은/ㄴ 데다가 교통도 복잡해서 지각을 했습니다.

5) 우리 하숙집 아주머니는 _________________는/은/ㄴ 데다가 _________________.

–어/아/여 있다

◎ 편의점은 24시간 열려 있습니다.

◎ 내 방 꽃병에 장미가 꽂혀 있습니다.

◎ 선물에는 주는 사람의 마음이 담겨 있습니다.

1) 내 방 벽에는 ____어/아/여 있습니다.

2) 바닷가 모래 위에 _______________________________________어/아/여 있습니다.

3) 분실물 센터에 주인이 찾아가지 않은 분실물이 __________________어/아/여 있다.

4) ____어/아/여 있지만 따뜻하지 않다.

5) _________________________________어/아/여 있어서 안에 들어갈 수 없었습니다.

9 나라마다 그 나라를 상징하는 것이 있습니다

쓰기

1. 나라의 상징을 소개하는 글을 쓰려고 합니다. 다음 표를 완성하십시오.

국가	한국	
상징하는 것 (국기, 글자, 꽃, 노래, 동물, 축제)	태극기	
색깔의 의미	하얀 바탕색 – 평화 태극의 빨간색 – 양 태극의 파란색 – 음	
모양의 의미	4괘 ☰ 하늘 ☷ 땅 ☲ 불 ☵ 물	
특별한 점	월드컵 때 태극기 응원	

2. 다음과 같이 자기 나라의 상징을 소개하는 글을 쓰십시오.

한국의 상징, 태극기

국기는 한 나라를 상징하는 데다가 그 안에는 많은 의미가 담겨 있어서 국민들은 자기 나라의 국기를 중요하게 생각한다. 한국의 태극기에도 여러 가지 의미가 담겨 있다.

하얀 바탕색은 평화를 상징하고 가운데 있는 태극기의 파란색과 빨간색은 음과 양의 조화를 상징한다. 음은 춥고 어두운 것 등을 상징하고, 양은 따뜻하고 밝은 것 등을 상징한다. 그리고 구석의 네 괘는 각각 하늘, 땅, 불, 물을 상징한다.

2002년 월드컵 때 많은 한국인이 태극기를 들고 길거리 응원을 했다. 어떤 사람들은 태극기로 액세서리를 만들거나 옷을 만들어 입기도 했다. 그 때부터 태극기는 한국 사람들과 더욱 더 가까워졌다.

____

자르는 선

정리하기

1. 반 친구가 쓴 글을 들어 봅시다. 새로 알게 된 사실이 있습니까?

2. 여러분 나라와 무엇이 비슷합니까?

확인해 봅시다

	그렇다	보통이다	아니다
1. 자기 나라를 상징하는 글을 쓸 수 있습니까?	□	□	□
2. 이 과에서 배운 표현을 잘 썼습니까?	□	□	□
3. 전체적으로 앞 뒤 내용이 자연스럽게 연결됩니까?	□	□	□
4. 맞춤법과 조사를 확인하기 위해 다시 읽어 봤습니까?	□	□	□
5. 자기가 쓴 글에 몇 점을 주고 싶습니까?			/100

10과 요즘 사람들은 건강에 관심이 많다

학습 목표 일기를 쓸 수 있다.

들어가기

9월 26일 목요일 흐림

오늘 회식은 회사 동료들이 몸에 좋은 음식을 먹자고 해서 쌈밥집에서 했다. 식사를 마치고 나서 후식으로 유기농 과일을 먹으면서 건강에 대한 이야기를 나누었다. 요즘 사람들은 건강에 관심이 많다. 그래서 그런지 스포츠 댄스나 요가, 조깅이나 마라톤처럼 운동을 취미로 가진 사람들이 늘고 있다.

나는 따로 운동할 시간이 없기 때문에 BMW로 건강을 지킨다. 버스(Bus), 지하철(Metro), 걷기(Walking)! 마을버스로 지하철역까지 가고 지하철에서 내리면 회사까지 걷는다. 처음엔 좀 불편했지만 요즘은 몸도 가벼워지고 교통비도 아낄 수 있어서 여러 가지로 좋다.

1. 한국어로 일기를 쓴 적이 있습니까?

2. 한국어로 일기를 쓸 때 무엇이 어렵습니까?

준비하기

1. 일기를 쓸 때 필요한 어휘를 생각해 봅시다.

일정

반드시

반성하다

2. 다음 표현을 연습해 봅시다.

-고 나서

◎ 글을 쓰고 나서 다시 한 번 꼼꼼히 읽어 보는 게 좋습니다.

◎ 오전에 한국어 수업을 듣고 나서 오후에는 전공 수업을 듣는다.

◎ 학생회관에서 반모임을 하고 나서 뒤풀이를 하러 학교 앞 식당에 갔다.

1) ______________________고 나서 금방 답장을 썼다.

2) ______________________고 나서 친구를 만나러 나갔다.

3) ______________________고 나서 곧 이를 닦는 것이 좋다.

4) ______________________고 나서 오후에는 영화를 보러 갔습니다.

5) ______________________고 나서 ______________________.

-자고 해서

◎ 친구가 농구를 하자고 해서 운동장으로 나갔습니다.

◎ 여동생이 고양이를 한 마리 키우자고 해서 그러자고 했다.

◎ 민수가 해외여행은 가지 말자고 해서 국내여행을 가기로 했다.

1) 친구가 ______________________자고 해서 극장에 갔다.

2) 과장님이 ______________________자고 하셔서 다들 그렇게 하기로 했다.

3) 아이들이 ______________________자고 해서 베트남 쌀국수 집에 갔다.

4) ______________________자고 해서 택시를 탔다.

5) ______________________자고 해서 ______________________.

쓰기

1. 지난 주말에 한 일을 일기로 쓰려고 합니다. 다음 표를 완성하십시오.

날짜/날씨	4월 14일 토요일 맑음
아침	1시간쯤 운동을 했다.
낮	컴퓨터로 이메일을 확인했다.
저녁	남산타워에서 저녁을 먹었다.

날짜/날씨	_______월 _______일 _______요일 날씨 _______
아침	
낮	
저녁	

2. 다음과 같이 일기를 써 봅시다.

4월 14일 토요일 맑음

요즘 운동을 안 해서 그런지 몸이 무겁다. 그래서 오늘은 아침에 일어나자마자 1시간쯤 운동을 했다. 운동을 하고 나서 아침을 먹으니 밥맛이 참 좋았다. 좀 쉰 후에 음악을 들으면서 숙제를 했다. 숙제는 별로 어렵지 않았다.

그러고 나서 컴퓨터로 이메일을 확인하고 있는데 친구한테서 전화가 왔다. 친구가 서울 야경을 구경하자고 해서 저녁에는 남산 타워에 갔다. 꼭대기에 있는 식당에 올라가서 스테이크와 칵테일을 주문했다. 내려올 때는 케이블카를 타고 내려왔다. 정말 분위기 있는 밤이었다.

월 일 요일 날씨

자르는 선

정리하기

1. 친구의 일기에서 인상적인 부분을 찾아 봅시다.

2. 날마다 한국어로 일기를 써 봅시다.

확인해 봅시다

	그렇다	보통이다	아니다
1. 일기를 쓸 수 있습니까?	□	□	□
2. 이 과에서 배운 표현을 잘 썼습니까?	□	□	□
3. 전체적으로 앞 뒤 내용이 자연스럽게 연결됩니까?	□	□	□
4. 맞춤법과 조사를 확인하기 위해 다시 읽어 봤습니까?	□	□	□
5. 자기가 쓴 글에 몇 점을 주고 싶습니까?			/100

11과 보내 주신 메일을 잘 받았습니다

학습 목표 이메일 답장을 쓸 수 있다.

들어가기

<table>
<tr><td>보내는 사람</td><td>micle@america.com</td></tr>
<tr><td>받는 사람</td><td>yoko@japan.net</td></tr>
<tr><td colspan="2">안녕하세요? 저 마이클인데 메일 잘 받았습니다. 학교에 다니면서 할 수 있는 아르바이트 자리를 찾으신다고요? 제가 다니는 회사에서 한국의 휴대폰 사용 설명서를 각 나라 말로 번역할 사람을 구하던데 보수도 괜찮은 것 같습니다. 안내문을 첨부파일로 보낼 테니까 한 번 읽어 보세요. 그리고 주변에 적당한 친구가 있으면 알려 주세요. 그럼 월요일에 학교에서 만나서 더 자세히 이야기해요. 주말 잘 보내세요.</td></tr>
</table>

1. 마이클은 왜 이메일을 썼습니까?

2. 한국어로 메일을 쓴 적이 있습니까?

준비하기

1. 이메일을 쓸 때 필요한 어휘를 생각해 봅시다.

사이트

확인

첨부하다

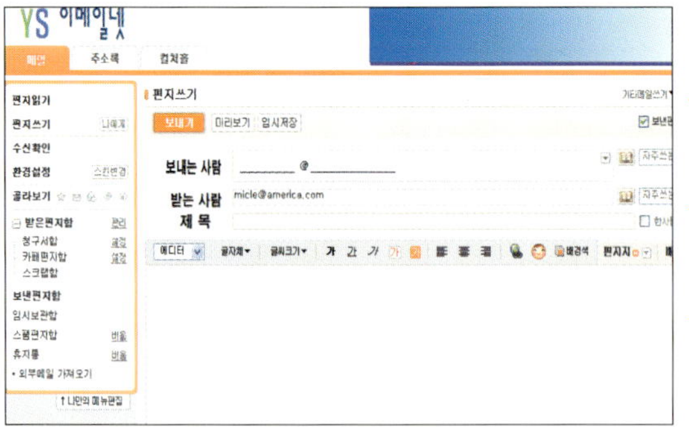

2. 다음 표현을 연습해 봅시다.

-던데

◎ 설악산 눈꽃 축제가 유명하던데 올겨울에는 설악산에 가 봅시다.

◎ 학생회관의 문구점에서 학용품을 싸게 팔던데 한번 가 보세요.

◎ 인터넷 중고서점을 이용하면 책을 싸게 살 수 있던데 이용해 보세요.

1) ____________________________________던데 드시고 푹 쉬세요.

2) ____________________________________던데 미리 예매를 합시다.

3) ______________________________던데 인터넷으로 검색해 봐야겠다.

4) _____________________________던데 그 친구에게 한번 물어 볼게요.

5) ___________________________던데 내일 다시 생각해 보는 게 어때요?

-으니까/니까 -어/아/여 보세요

◎ 행사마다 사이트에 설명을 잘해 놓았으니까 들어가 보세요.

◎ 도서관에 여러 나라를 소개하는 여행 잡지가 있으니까 빌려 보세요.

◎ 설악산에 가면 산과 바다를 동시에 즐길 수 있으니까 강원도로 가 보세요.

1) 말하기 연습도 할 수 있으니까 ______________________________.

2) 따뜻한 우유를 마시면 잠이 잘 오니까 __________________________.

3) __________________________________으니까/니까 한번 가 보세요.

4) _____________________________으니까/니까 선생님과 상담해 보세요.

5) _________________으니까/니까 ________________어/아/여 보세요.

쓰기

1. 마이클이 보낸 이메일에 답장을 쓰려고 합니다. 다음 표를 완성하십시오.

보내는 사람	요코 yoko@japan.net	
받는 사람	마이클 micle@america.com	마이클 micle@america.com
제목	고맙습니다.	
첫인사	보내 준 메일을 잘 받았어요.	
내용	• 아르바이트 자리를 소개해 줘서 고마워요. • 좋은 경험이 될 것 같아요.	• •
끝인사	감기 조심하고 월요일에 만나요.	

2. 다음과 같이 답장을 쓰십시오.

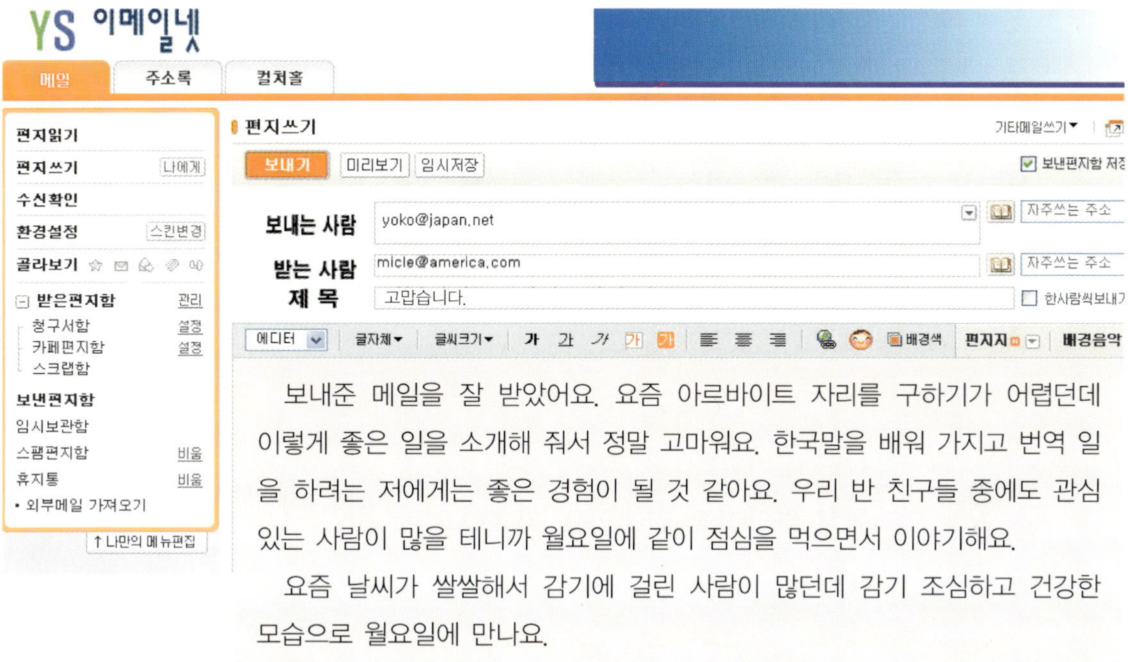

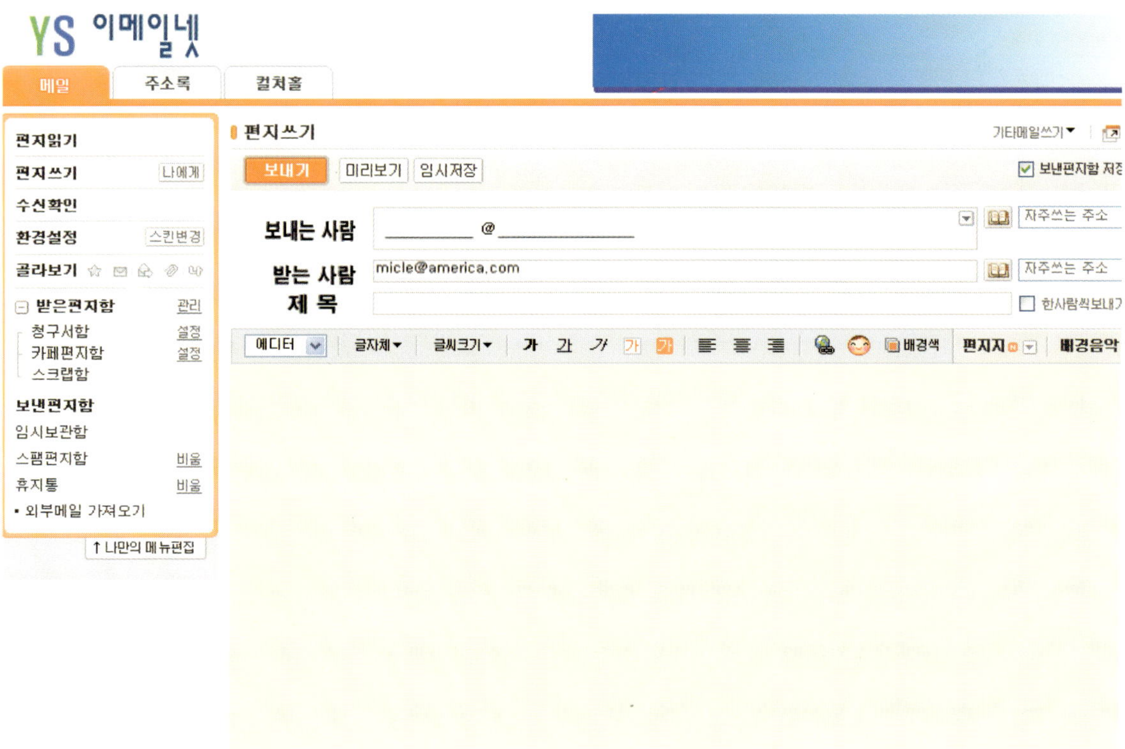

자르는 선

정리하기

1. 친구들 앞에서 답장 메일을 읽어 봅시다.

2. 친구에게 한국어로 이메일을 써 봅시다.

확인해 봅시다

	그렇다	보통이다	아니다
1. 이메일 답장을 쓸 수 있습니까?	☐	☐	☐
2. 이 과에서 배운 표현을 잘 썼습니까?	☐	☐	☐
3. 전체적으로 앞 뒤 내용이 자연스럽게 연결됩니까?	☐	☐	☐
4. 맞춤법과 조사를 확인하기 위해 다시 읽어 봤습니까?	☐	☐	☐
5. 자기가 쓴 글에 몇 점을 주고 싶습니까?			/100

12과 한번 가 볼 만한 곳입니다

학습 목표 자기 나라의 관광지를 소개하는 글을 쓸 수 있다.

들어가기

1000년의 긴 역사를 지닌 베트남은 지금 아주 빠른 속도로 발전하고 있습니다. 그 베트남의 정치적 중심지인 하노이는 꼭 한번 가 볼 만한 곳입니다.

하노이는 현재 베트남의 수도일 뿐만 아니라 과거에도 베트남 역사의 중심지였습니다. 그래서 하노이에 가면 한국의 서울과 같이 전통과 현대를 한 눈에 볼 수 있습니다.

하노이에서 빼 놓을 수 없는 유명한 볼거리로는 수상 인형극이 있습니다. 공연장 바로 옆에 쇼핑센터가 있어서 관광객들은 이 수상 인형극장을 즐겨 찾습니다. 아름다운 자연과 맛있는 음식을 동시에 즐길 수 있는 하노이에 꼭 한번 놀러 오십시오.

12 한번 가 볼 만한 곳입니다

1. 여러분은 하노이를 아십니까?

2. 어느 나라에 가 보고 싶습니까?

준비하기

1. 여러분 나라의 관광지를 소개하는 글을 쓸 때 필요한 어휘를 생각해 봅시다.

- 수도
- 관광지
- 즐기다

2. 다음 표현을 연습해 봅시다.

-을/ㄹ 만하다

◎ 제 듣기 실력으로 한국 뉴스는 이해하기 어렵지만 드라마는 볼 만합니다.

◎ 한 달 이용 요금이 30,000원 정도라면 무선 인터넷 서비스도 이용할 만하다.

◎ 학교까지 1시간 정도 걸린다면 하숙을 하지 않고 집에서 다닐 만한 거리이다.

1) 인사동에는 ______________________기 때문에 ______________________을/ㄹ 만합니다.

2) 어제 본 영화는 ____________________어서/아서/여서 ____________________을/ㄹ 만했다.

3) 이 책상은 새 것은 아니지만 아직 ________________________________을/ㄹ 만합니다.

4) 김 과장은 성실한 성격과 외국어 능력으로 볼 때 ______________________을/ㄹ 만하다.

5) 학생들에게 __________________은/는 ____________________을/ㄹ 만한 아르바이트이다.

으로는/로는 이/가 있다

◎ 한국인의 대표적 건강식으로는 김치와 된장이 있습니다.

◎ 대학생들이 손쉽게 할 만한 아르바이트로는 초등학생 과외가 있다.

◎ 태국 방콕의 신기한 교통수단으로는 '툭툭이' 라는 오토바이 택시가 있다.

1) 한국에서 볼 만한 공연으로는 ____.

2) 서울에서 외국인이 가 볼 만한 곳으로는 ________________________________.

3) 건강에 좋은 취미로는 ____.

4) ____으로는/로는 설날과 추석이 있습니다.

5) ______________________________으로는/로는 __________________________________.

쓰기

1. 여러분 나라의 관광지를 소개하려고 합니다. 다음 표를 완성하십시오.

관광지	제주도	
위치	한국의 남쪽	
교통편	비행기나 배	
숙박	호텔, 펜션, 민박, …	
먹을거리	갈치, 흑돼지, 귤	
가 볼 만한 곳	한라산, 중문 해수욕장	

2. 다음과 같이 관광지를 소개하는 글을 쓰십시오.

한국에서 가 볼 만한 관광지로는 제주도가 있습니다. 서울에서 비행기를 타면 한국의 남쪽에 위치한 제주도까지 한 시간쯤 걸립니다. 부산이나 목포에서 배를 타고 갈 수도 있습니다. 일찍부터 관광지로 개발되어서 숙박시설도 편안한 호텔에서 값이 싼 민박까지 다양한 편입니다.

제주도의 별식으로는 갈치와 흑돼지고기, 귤이 있고, 가 볼 만한 곳으로는 한라산과 중문 해수욕장이 유명합니다. 등산을 좋아하지 않는 사람도 한라산은 한번 올라가 볼 만합니다. 산이 험하지 않고 여러 가지 꽃과 나무를 구경할 수 있습니다.

방학이나 주말에 시간이 되면 아름다운 섬, 제주도에 꼭 한번 가 보세요. 후회하지 않으실 것입니다.

자르는 선

정리하기

1. 여러분 나라를 소개하는 글을 읽어 봅시다.

2. 새로 알게 된 여행지가 있습니까?

확인해 봅시다

	그렇다	보통이다	아니다
1. 관광지를 소개하는 글을 쓸 수 있습니까?	□	□	□
2. 이 과에서 배운 표현을 잘 썼습니까?	□	□	□
3. 전체적으로 앞 뒤 내용이 자연스럽게 연결됩니까?	□	□	□
4. 맞춤법과 조사를 확인하기 위해 다시 읽어 봤습니까?	□	□	□
5. 자기가 쓴 글에 몇 점을 주고 싶습니까?			/100

13과 대체로 마음에 듭니다

학습 목표 구입한 물건의 좋은 점과 나쁜 점에 대해서 상품평을 쓸 수 있다.

들어가기

○○ 홈쇼핑 상품평

제품번호	제목	상품 만족도	작성자	작성일	조회수
2132	만족합니다.	★★★★☆	요코	2008/4/5	287

이 서랍장은 대체로 마음에 듭니다. 우선 생각보다 커서 놀랐습니다. 배송도 빨랐고 배송 기사님도 친절하셨습니다. 오시기 전에 전화도 주시고 손잡이도 직접 달아 주셨습니다. 이 정도 가격에 이만한 물건이면 잘 산 것 같아요.

그러나 한 가지 아쉬운 점이 있습니다. 화면으로 볼 때는 밝은 갈색이었는데 실제로 받아 보니까 생각했던 것보다 색이 너무 어두웠습니다. 앞으로는 상품 사진에 좀 더 신경 써 주셨으면 합니다.

1. 인터넷으로 물건을 살 때 무엇을 중요하게 봅니까?

2. 물건을 사고 나서 상품평을 써 본 적이 있습니까?

준비하기

1. 상품평을 쓸 때 필요한 어휘를 생각해 봅시다.

배송

대체로

아쉽다

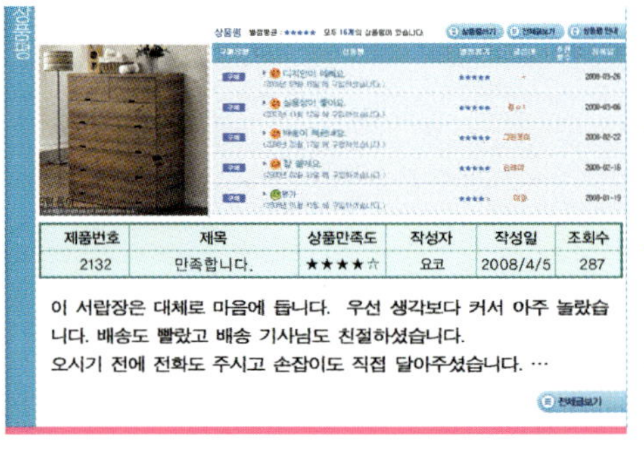

2. 다음 표현을 연습해 봅시다.

-어/아/여 보니까 생각했던 것보다

◎ 물건을 받아 보니까 생각했던 것보다 크기가 좀 작습니다.

◎ 이 냉장고를 써 보니까 생각했던 것보다 더 튼튼하고 좋네요.

◎ 기숙사 생활을 해 보니까 생각했던 것보다 힘든 점이 많았습니다.

1) ______________________어/아/여 보니까 생각했던 것보다 재미있었어요.

2) ______________________어/아/여 보니까 생각했던 것보다 어렵던데요.

3) ________________어/아/여 보니까 생각했던 것보다 시간이 많이 걸렸습니다.

4) ____________________어/아/여 보니까 생각했던 것보다 맵지 않았습니다.

5) ________________어/아/여 보니까 생각했던 것보다 ______________.

-어/아/여 주셨으면 합니다

◎ 내일 회의에 꼭 참석해 주셨으면 합니다.

◎ 다음부터는 포장에 좀 더 신경을 써 주셨으면 합니다.

◎ 학생들이 공부하고 있으니까 조용히 해 주셨으면 합니다.

1) 자리를 비울 때는 ____.

2) 제품이 너무 작은데 ______________________________________.

3) 일이 너무 많아서 혼자 하기가 힘든데 ____________________________.

4) 이번 주 토요일에 집들이를 할 테니까 ____________________________.

5) 늦어도 이번 주말까지는 __________________________________.

쓰기

1. 구입한 물건에 대한 상품평을 쓰려고 합니다. 다음 표를 완성하십시오.

구입한 물건	전자사전	
만족도	★★☆☆☆	☆☆☆☆☆
배송 기간	7일	
가격	값이 싼 편이다.	
좋은 점	작고 가볍다	
나쁜 점	• 배송이 느리다. • 화면의 글씨가 작다. • 색깔이 사진과 다르다.	• • •

2. **다음과 같이 상품평을 써 봅시다.**

○○ 홈쇼핑 상품평

제품번호	제목	상품 만족도	작성자	작성일	조회수
200	글쎄요	★★☆☆☆	김민수	2008/7/24	209

전자사전을 받아 보니까 작고 가벼워서 휴대하기가 좋았습니다. 값이 싼 것도 마음에 들었습니다.

하지만 생각했던 것보다 케이스 색깔이 너무 연합니다. 쉽게 더러워질 것 같아요. 그리고 화면의 글씨가 작아서 시력이 나쁜 저는 읽기가 불편했습니다. 또한 다른 쇼핑업체에 비해서 배송도 좀 느린 편이었어요.

앞으로는 상품 정보를 더 자세히 써 주시고 배송에도 신경을 써 주셨으면 합니다.

○○ 홈쇼핑 상품평

제품번호	제목	상품 만족도	작성자	작성일	조회수
2132		☆☆☆☆☆			

자르는 선

정리하기

1. 여러 사람의 상품평을 들어 봅시다. 누가 상품평을 제일 잘 썼습니까?

2. 인터넷에 상품평을 직접 써 봅시다.

확인해 봅시다

	그렇다	보통이다	아니다
1. 상품평을 쓸 수 있습니까?	☐	☐	☐
2. 이 과에서 배운 표현을 잘 썼습니까?	☐	☐	☐
3. 전체적으로 앞 뒤 내용이 자연스럽게 연결됩니까?	☐	☐	☐
4. 맞춤법과 조사를 확인하기 위해 다시 읽어 봤습니까?	☐	☐	☐
5. 자기가 쓴 글에 몇 점을 주고 싶습니까?			/100

14과 이 기사를 통해 새로운 사실을 알게 됐다

학습 목표 신문기사 내용을 요약하고 의견을 쓸 수 있다.

들어가기

한국 내 외국인 72만 명 중에는 외국인 노동자, 국제결혼에 의한 이주자, 한국 국적 취득자 등이 있다. 국적별로는 중국인, 동남아시아인을 합치면 75%나 되는데 미국과 일본은 다 합쳐도 약 20%밖에 안 된다.

나는 지금 신촌에 살고 있어서 길을 걸을 때 많은 외국인을 보는데 그들은 대부분 유학생이다. 그래서 한국에 살고 있는 외국인은 대부분 유학생인 줄 알았는데 이 기사를 통해 외국인 노동자가 훨씬 더 많다는 사실을 알고 놀랐다. 더욱 더 놀라운 사실은 한국에 살고 있는 외국인들 중 반 이상이 중국인이라는 것이다. 이러한 상황으로 볼 때 앞으로 아시아 지역에서 한국으로 오는 외국인의 수는 더 늘어날 것이라고 생각한다.

14

1. 여러분은 한국 신문을 본 적이 있습니까?

2. 신문기사를 요약할 때는 무엇을 써야 합니까?

준비하기

1. 신문기사를 소개할 때 필요한 어휘를 생각해 봅시다.

요약

의견

신고하다

2. 다음 표현을 연습해 봅시다.

은/는 -는다는/ㄴ다는 것이다, 은/는 -다는 것이다

◎ 이 냉장고의 단점은 냉동실이 너무 좁다는 것이다.

◎ 처음 외국 생활을 할 때 힘든 점은 말이 통하지 않는다는 것이었다.

◎ 우리 회사의 장점은 다른 회사에 비해서 퇴근시간이 이르다는 것이다.

1) 지하철의 좋은 점은 ________________________________.

2) 마라톤 초보자가 주의해야 할 점은 ________________________________.

3) ________________________________은/는 기름 값이 적게 든다는 것입니다.

4) ________________________________은/는 아주 부자인데도 겸손하다는 것이다.

5) ____________________은/는 ____________________는/ㄴ다는 것입니다.

으로/로 볼 때 -을/ㄹ 거라고 생각하다

◎ 중간시험 성적으로 볼 때 그 학생은 진급이 어려울 거라고 생각한다.

◎ 마이클 씨 능력으로 볼 때 이 일을 충분히 잘 해 낼 거라고 생각합니다.

◎ 대표들의 표정으로 볼 때 회의 결과가 나쁘지 않았을 거라고 생각합니다.

1) 여론 조사 결과로 볼 때 ________________________________.

2) 소비자들의 반응으로 볼 때 ________________________________.

3) ________________________________으로/로 볼 때 그 사업은 포기해야 한다고 생각한다.

4) ________________________________으로/로 볼 때 범인은 30대 여자라고 생각한다.

5) ____________________으로/로 볼 때 ____________________을/ㄹ 거라고 생각합니다.

쓰기

1. 다음 기사를 읽고 표를 완성해 봅시다.

세계에서 둘째로 돈이 많은 워런 버핏 집에 강도가 들었다고 AP통신이 보도했다. 지난 5일 밤 미국 네브래스카 주 오마하 시에 있는 그의 집에 20대 백인 청년 한 명이 돈을 훔치기 위해 침입했다. 강도는 경호원과 마주쳐 몸싸움을 하다가 달아났다.

버핏은 강도 사건이 발생한 뒤 방송사와의 통화에서 "나는 괜찮다. 오랫동안 안심하고 살던 집이었으니까 앞으로도 별 걱정 없이 살 것"이라고 말했다. 그가 사는 집은 현재 71만 달러(한화 7억 원 정도)밖에 안 되는 주택이다. 이웃사람들은 "세계 2위의 부자가 사는 집 같지 않아서 강도도 버핏의 집인지 몰랐을 것"이라고 말했다.

제목	세계 2위 부자 버핏의 생활
누가	
언제	지난 5일 밤
어디서	
왜	
무엇을 했나?	
어떻게 됐나?	경호원과 싸우다 달아났다.
기사 선택 이유	세계 2위의 부자가 검소하게 살고 있다는 게 놀랍다.
의견	

2. 기사를 요약하고 의견을 써 봅시다.

세계 2위 부자 버핏의 생활

지난 5일 밤 ______________________________

____

____

____

강도는 경호원과 싸우다가 달아났다.

나는 ______________________________어서/아서/여서

이 기사를 선택했다.

이 기사를 통해서 나는 ______________________________

____

____

____

____

자르는 선

정리하기

1. 정리한 기사의 내용을 읽어 봅시다.

2. 신문을 읽고 기사를 요약해 봅시다.

확인해 봅시다

	그렇다	보통이다	아니다
1. 신문 기사를 요약하고 의견을 쓸 수 있습니까?	□	□	□
2. 이 과에서 배운 표현을 잘 썼습니까?	□	□	□
3. 전체적으로 앞 뒤 내용이 자연스럽게 연결됩니까?	□	□	□
4. 맞춤법과 조사를 확인하기 위해 다시 읽어 봤습니까?	□	□	□
5. 자기가 쓴 글에 몇 점을 주고 싶습니까?			/100

15과 그럴 땐 나처럼 노랠 불러 봐

학습 목표 노래 가사를 바꿔 쓸 수 있다.

들어가기

반짝반짝 작은 별 아름답게 빛나네.
동쪽 하늘에서도 서쪽 하늘에서도
반짝반짝 작은 별 아름답게 빛나네.

알쏭달쏭 한국말 배울수록 재밌어.
3급 교실에서도 6급 교실에서도
하하호호 웃음꽃 싱글벙글 우리반.

1. '반짝반짝 작은 별' 노래를 아십니까?

2. '반짝반짝 작은 별'의 가사를 바꿔 불러 봅시다.

준비하기

1. 노래 가사에는 모양과 소리를 나타내는 단어가 많이 쓰입니다. 알고 있는 것을 적어 봅시다.

- 반짝반짝
- 알쏭달쏭
- 하하호호

모차르트 작곡

2. 다음 표현을 연습해 봅시다.

-을/ㄹ 땐 -어/아/여 봐

◎ 글이 잘 써지지 않을 땐 처음부터 다시 읽어 봐.

◎ 유학생활이 힘들 땐 고향 친구들을 만나서 수다를 떨어 봐.

◎ 모든 것이 귀찮고 의욕이 없을 땐 시장에 가서 열심히 사는 사람들을 만나 봐.

1) 목이 많이 아플 땐 ______________________________어/아/여 봐.

2) 외로운 느낌이 들 땐 ______________________________어/아/여 봐.

3) ______________________________을/ㄹ 땐 전화를 해 봐.

4) ______________________________을/ㄹ 땐 찜질방에 가 봐.

5) ________________을/ㄹ 땐 ________________어/아/여 봐.

-으면/면 -을/ㄹ 때가 있다

◎ 서두르면 실수할 때가 있습니다.

◎ 등산을 하다가 힘들면 그냥 내려가고 싶을 때가 있다.

◎ 아무리 좋아하는 음식도 날마다 먹으면 먹기 싫어질 때가 있다.

1) 너무 바쁘면 ______________________________을/ㄹ 때가 있다.

2) 한국 사람이 빠르게 말하면 ____________________을/ㄹ 때가 있습니다.

3) ______________________________으면/면 고향에 돌아가고 싶을 때가 있다.

4) ______________________________으면/면 고향음식이 그리워질 때가 있다.

5) ________________으면/면 ________________을/ㄹ 때가 있습니다.

쓰기

1. 다음과 같이 노래 가사를 바꾸십시오.

♪ 꿍따리 샤바라 ♪

입맛이 떨어지고 피곤할 땐 찜질방에 가서 등을 펴고 누워 봐.

나처럼 이렇게 수건을 두르고 룰~루 랄~라 훨훨훨훨.

누구나 공부를 하다 보면은 스트레스 땜에 너무 힘들 때가 있어.

그럴 땐 나처럼 찜질방 가봐. 룰~루 랄~라 훨훨훨훨.

__________ 고 __________ 을/ㄹ 땐

__________ 어서/아서/여서 __________ 어/아/여 봐.

__________ 처럼 __________ 고 __________.

__________ 으면/면 __________ 을/ㄹ 때가 있어.

그럴 땐 __________ 처럼 __________ 어/아/여 봐. __________.

자르는 선

정리하기

1. 여러분이 만든 노래를 불러 봅시다.

2. 누구의 노래가 가장 재미있습니까?

확인해 봅시다

	그렇다	보통이다	아니다
1. 노래 가사를 바꿔 쓸 수 있습니까?	☐	☐	☐
2. 이 과에서 배운 표현을 잘 썼습니까?	☐	☐	☐
3. 전체적으로 앞 뒤 내용이 자연스럽게 연결됩니까?	☐	☐	☐
4. 맞춤법과 조사를 확인하기 위해 다시 읽어 봤습니까?	☐	☐	☐
5. 자기가 쓴 글에 몇 점을 주고 싶습니까?			/100

16과 단오를 아십니까?

학습 목표 기념일을 설명하는 글을 쓸 수 있다.

들어가기

옛날 사람들은 음력 5월 5일, 단오날이 되면 새 옷으로 갈아 입고 그네뛰기나 씨름 같은 민속 놀이를 즐겼다. 그리고 이날 왕은 신하에게 부채를 선물로 주었다. 물론 부채 바람이 선풍기 바람보다 시원하지는 않다. 하지만 부채는 색깔도 예쁠 뿐만 아니라 주는 사람의 마음까지 전할 수 있으니까 부채 선물을 받으면 에어컨 바람보다 더 시원한 느낌이 들 것 같다. 다른 사람의 더위를 걱정하며 단오 부채를 선물로 주는 풍습이 다시 생겼으면 좋겠다.

1. 단오를 아십니까?

2. 여러분 나라에는 어떤 기념일이 있습니까?

준비하기

1. 기념일을 설명하는 글을 쓸 때 필요한 어휘를 생각해 봅시다.

기념일

행사

정하다

2. 다음 표현을 연습해 봅시다.

–을/ㄹ 뿐만 아니라

◎ 자전거 여행을 하면 운동이 될 뿐만 아니라 여행 경비도 적게 듭니다.

◎ 삼계탕은 맛있을 뿐만 아니라 몸에도 좋아서 누구나 즐겨 먹는 음식이다.

◎ 밤기차는 시간이 더 걸릴 뿐만 아니라 잠자리도 불편해서 타고 싶지 않다.

1) 우리 어머니는 ______________________을/ㄹ 뿐만 아니라 요리도 잘 하신다.

2) 일출을 보려면 ______________________을/ㄹ 뿐만 아니라 일찍 일어나야 한다.

3) 인터넷으로 ______________________을/ㄹ 뿐만 아니라 쇼핑도 할 수 있습니다.

4) 여행을 가면 __________________을/ㄹ 뿐만 아니라 별식도 먹을 수 있어서 좋다.

5) 아르바이트를 하면 ________________을/ㄹ 뿐만 아니라 ________________.

–었으면/았으면/였으면 좋겠다

◎ 내 생일에는 마음이 맞는 친구하고 여행을 갔으면 좋겠습니다.

◎ 6월 6일을 유학생의 날로 정하고 그 의미를 기념했으면 좋겠습니다.

◎ 결혼기념일마다 연애편지를 써서 주는 풍습이 생겼으면 좋겠습니다.

1) 설날에 ____었/았/였으면 좋겠다.

2) 졸업식 날에 ____________________________________었/았/였으면 좋겠다.

3) 내일까지 꼭 _________________________________었/았/였으면 좋겠습니다.

4) 이번 휴가에는 __________________________________었/았/였으면 좋겠다.

5) 내년에는 ______________________________________었/았/였으면 좋겠다.

쓰기

1. 재미있는 기념일을 만들려고 합니다. 다음 표를 완성하십시오.

보기 2월 4일 이사 데이, 3월 3일 삼겹살의 날, 5월 8일 오빠 데이,
7월 9일 친구 데이, 9월 9일 닭고기의 날, ……

기념일의 이름	블랙 데이	
날짜	4월 14일	
기념일을 만든 이유	애인이 없는 사람들끼리 만나 위로하려고	
특별한 음식	자장면	
특별한 행사	• 검은 정장을 입는다. • 검은 신발을 신는다. • 검은 액세서리를 한다.	• • •

2. 다음과 같이 기념일을 소개하는 글을 써 봅시다.

4월 14일은 블랙 데이, 자장면을 먹는 날

블랙 데이란 밸런타인 데이나 화이트 데이에 초콜릿이나 사탕을 주고받지 못한 싱글 남녀들이 만나는 날입니다. 이날 애인이 없는 사람들은 같이 자장면을 먹으면서 위로하는 말을 나눌 뿐만 아니라 재미있는 게임을 하면서 마음에 드는 사람을 찾기도 합니다. 여자들은 검은 색 윗옷에 검은 색 액세서리를 달기도 하고 남자들은 신발이나 양말을 검은 색으로 신습니다. 재미있는 기념일이기는 하지만 다음 블랙 데이에 저는 자장면을 안 먹었으면 좋겠습니다.

____월 ____일은 ______________, ______________는 날

자르는 선

정리하기

1. 누구의 기념일이 재미있습니까?

2. 어떤 기념일이 생겼으면 좋겠습니까?

확인해 봅시다

	그렇다	보통이다	아니다
1. 기념일을 설명하는 글을 쓸 수 있습니까?	☐	☐	☐
2. 이 과에서 배운 표현을 잘 썼습니까?	☐	☐	☐
3. 전체적으로 앞 뒤 내용이 자연스럽게 연결됩니까?	☐	☐	☐
4. 맞춤법과 조사를 확인하기 위해 다시 읽어 봤습니까?	☐	☐	☐
5. 자기가 쓴 글에 몇 점을 주고 싶습니까?			/100

17과 바다를 보러 갔다

학습 목표 여행한 경험을 일기로 쓸 수 있다.

들어가기

10월 17일 화요일 흐린 후 비

이번 주말에 동아리 친구들과 같이 말로만 듣던 설악산에 직접 가 보기로 했다. 그동안 한국에 와서 공부만 하느라고 여행을 별로 못 했다. 설악산에 가면 아름다운 산과 바다를 다 볼 수 있고 근처에 유명한 온천도 있다고 한다. 오늘 오후에 동아리 방에 다들 모여서 설악산에 가면 무엇을 할 건지 계획을 세웠다. 마이클이 고속버스 표를 예매하기로 했는데 요즘 단풍철이라서 교통이 복잡할까 봐 좀 걱정이 된다. 내일 오후에는 시장에 가서 등산복을 한 벌 사야겠다. 이번 주말이 빨리 왔으면 좋겠다.

17 바다를 보러 갔다

1. 한국에서 여행을 가 본 적이 있습니까?

2. 어디에 가서 무엇을 해 보고 싶습니까?

준비하기

1. 여행한 경험을 일기로 쓸 때 필요한 어휘를 생각해 봅시다.

단풍철

숙소

예약

2. 다음 표현을 연습해 봅시다.

-느라고

◎ 지난 주말에는 이사하느라고 힘들었습니다.

◎ 시험 공부를 하느라고 어제는 4시간밖에 못 잤다.

◎ 다른 생각을 하느라고 선생님 설명을 듣지 못했다.

1) ________________________________ 느라고 고생을 했다.

2) ________________________________ 느라고 시간 가는 줄 몰랐다.

3) ________________________________ 느라고 모임에 조금 늦었습니다.

4) ________________________________ 느라고 하루 종일 시장을 돌아다녔다.

5) ________________________________ 느라고 그동안 여행을 별로 못 다녔다.

-을까/ㄹ까 봐

◎ 고속버스를 타면 막힐까 봐 기차를 타고 가기로 했다.

◎ 이번 주말에 소풍을 가기로 했는데 날씨가 나쁠까 봐 걱정이 된다.

◎ 추석에 고향에 가려고 하는데 기차표가 없을까 봐 예매를 하려고 한다.

1) ________________________________ 을/ㄹ까 봐 우산을 가지고 나왔다.

2) ________________________________ 을/ㄹ까 봐 걱정을 했는데 다행이다.

3) ________________________________ 을/ㄹ까 봐 미리 인터넷에 들어가서 확인을 해 봤다.

4) ________________________________ 을/ㄹ까 봐 도시락을 주문해서 가지고 가기로 했다.

5) ________________________________ 을/ㄹ까 봐 ________________________________.

쓰기

1. 여행한 경험을 일기로 쓰려고 합니다. 다음 표를 완성하십시오.

이름	요코	
여행지	설악산	
여행 기간	10월 20일~22일(2박3일)	
숙박시설	콘도	
같이 간 사람	동아리 친구	
한 일	• 바다 구경 • 야시장 구경 • 일출 구경	• • •

2. 다음과 같이 여행 경험을 일기로 써 봅시다.

10월 20일 금요일 날씨 맑음

드디어 설악산에 왔다. 주말이라서 길이 막힐까 봐 걱정을 했는데 고속버스가 버스전용차선으로 달려서 괜찮았다. 우리는 먼저 동해 바다를 보러 갔다. 마이클은 아이들처럼 모래성을 만들면서 재미있게 놀았다.

그러고 나서 저녁에는 어시장 구경을 하느라고 조금 늦게 콘도로 돌아왔다. 이 방은 전망이 좋아서 바로 앞에 바다가 보인다. 내일 아침에 일찍 일어나서 바다에서 떠오르는 해를 볼 수 있었으면 좋겠다.

오늘은 수업이 끝나자마자 출발한 데다가 저녁 내내 돌아다녀서 좀 피곤하다. 내일은 아침을 먹고 등산을 하기로 했다. 설악산 단풍이 정말 기대된다.

월 일 요일 날씨

자르는 선

정리하기

1. 친구의 글을 들어 봅시다. 누구의 여행이 재미있습니까?

2. 주말 이야기를 일기로 써 봅시다.

확인해 봅시다

	그렇다	보통이다	아니다
1. 여행한 경험을 일기로 쓸 수 있습니까?	□	□	□
2. 이 과에서 배운 표현을 잘 썼습니까?	□	□	□
3. 전체적으로 앞 뒤 내용이 자연스럽게 연결됩니까?	□	□	□
4. 맞춤법과 조사를 확인하기 위해 다시 읽어 봤습니까?	□	□	□
5. 자기가 쓴 글에 몇 점을 주고 싶습니까?			/100

18과 이 노래를 들려 주세요

학습 목표 라디오 프로그램에 보낼 사연을 쓸 수 있다.

들어가기

○○ 님!

올해 수능을 보는데 밤에 공부하면서 이 프로를 즐겨 듣곤 한답니다. 라디오 프로그램에 노래를 신청하는 것은 처음입니다. 조금 전에 친구랑 싸워서 기분이 안 좋아요. 친구가 즐겨 듣는 이 방송을 통해서 친구에게 미안하다고 말하고 싶어요.

"친구야, 내 마음 알지?"

안재욱의 '친구'를 들려주세요. 항상 좋은 방송 고맙습니다.

18

1. 한국에서 라디오를 들은 적이 있습니까?

2. 라디오 프로를 통해 누구에게 음악 선물을 하고 싶습니까?

준비하기

1. 라디오에 음악을 신청할 때 필요한 어휘를 생각해 봅시다.

사연

신청곡

즐겨 듣다

2. 다음 표현을 연습해 봅시다.

-곤 하다

◎ 쉬는 날마다 이 방송을 듣곤 합니다.

◎ 고등학교 때 가끔 라디오 프로에 음악 신청 엽서를 보내곤 했습니다.

◎ 청소년들은 사춘기가 되면 좋아하는 연예인에게 팬레터를 쓰곤 합니다.

1) 쉬는 날에는 ______________________________곤 합니다.

2) 어렸을 때는 ______________________________곤 했습니다.

3) 기분이 좋을 때는 ______________________________곤 합니다.

4) 스트레스가 쌓일 때는 ______________________________곤 합니다.

5) 고향에 있는 가족이 그리울 때는 ______________________________곤 합니다.

-는/ㄴ답니다, -답니다, -었/았/였답니다, -이랍니다/랍니다

◎ 저는 라디오를 들으면서 공부한답니다.

◎ 옛날옛날에 깊은 산 속에 호랑이 한 마리가 살았답니다.

◎ 비가 오는 날에는 차이코프스키 음악을 즐겨 듣곤 한답니다.

1) 웃으면 복이 ______________________________.

2) 우리 아이가 ______________________________.

3) 힘이 들 때 ______________________________.

4) 가끔 우울할 때는 ______________________________.

5) 제가 제일 좋아하는 사람은 ______________________________.

쓰기

1. 사연을 써서 라디오 프로그램에 음악을 신청하려고 합니다. 다음 표를 완성하십시오.

신청 프로그램	MBC ○○○의 정오의 멜로디	
신청곡	이승환의 '가족'	
신청자	주부	
이유	사랑의 마음을 전하고 싶어서	
들려 주고 싶은 사람	남편	

2. 다음과 같이 엽서를 써 봅시다.

안녕하세요? 저는 새내기 주부입니다. 라디오는 자주 듣지만 음악 신청 엽서를 보내는 건 처음입니다. 제 남편은 필리핀 사람입니다. 우리는 남편이 한국말을 배우기 위해 교회에 나왔을 때 처음 만나게 되었답니다. 우리는 2년 동안 사귀다가 결혼식을 올렸어요. 남편이 한 달 전에 취직을 했어요. 언제나 제 걱정을 먼저 해 주는 남편에게 고맙다는 말을 전하고 싶어요.

"여보, 사랑해요."

우리 부부를 위해서 이승환의 '가족'을 들려 주세요.

보내는 사람

____

____

받는 사람

____

____

자르는 선

정리하기

1. 친구의 엽서 사연을 들어 봅시다.

2. 제일 재미있는 사연을 골라 방송국에 보냅시다.

확인해 봅시다

	그렇다	보통이다	아니다
1. 라디오 프로그램에 보낼 사연을 쓸 수 있습니까?	☐	☐	☐
2. 이 과에서 배운 표현을 잘 썼습니까?	☐	☐	☐
3. 전체적으로 앞 뒤 내용이 자연스럽게 연결됩니까?	☐	☐	☐
4. 맞춤법과 조사를 확인하기 위해 다시 읽어 봤습니까?	☐	☐	☐
5. 자기가 쓴 글에 몇 점을 주고 싶습니까?			/100

19과 어찌나 감동적이었는지 눈물이 다 났다

학습 목표 영화의 내용과 느낌을 요약해서 영화평을 쓸 수 있다.

들어가기

이 영화는 미국 최초의 호화 유람선인 타이타닉호에서의 사랑 이야기이다. 이 배에는 많은 부자들이 타고 있었는데, 그 중에는 원하지 않는 약혼식을 한 로즈와 약혼자 칼이 있었다, 그리고 가난한 화가 잭이 있었다. 자살을 하려던 로즈는 자유로운 성격의 잭과 사랑에 빠진다. 배 사고가 나자 잭은 로즈를 살리기 위해 최선을 다하다가 죽고 로즈는 살아남는다는 내용이다.

두 주인공의 사랑이 아주 용기 있고 아름다웠다. 특히 가라앉는 배에서 로즈를 살리려는 잭의 모습이 어찌나 감동적이었는지 눈물이 다 났다. 엑스트라들의 연기도 인상적이었다. 해피엔딩이었다면 더 좋았을 텐데……. '타이타닉'은 영상은 물론 배경 음악까지 참 괜찮은 영화라고 생각한다.

1. 여러분은 '타이타닉' 이라는 영화를 본 적이 있습니까?

2. 영화평을 쓸 때는 무엇을 써야 합니까?

준비하기

1. 영화평을 쓸 때 필요한 어휘를 생각해 봅시다.

장면

인상적

감동적

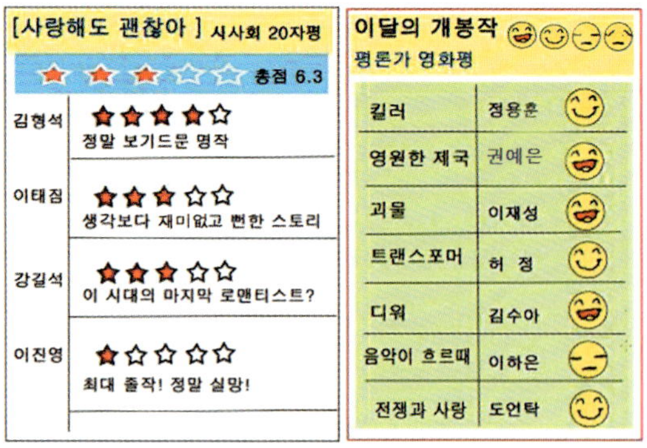

2. 다음 표현을 연습해 봅시다.

어찌나 -었는지/-았는지/-였는지

◎ 그 영화가 어찌나 지루했는지 내 친구와 나는 둘 다 졸았다.

◎ 어머니께서 차려 주신 저녁이 어찌나 맛있었는지 배가 터지도록 먹었다.

◎ 영화에서 괴물이 나타날 때마다 어찌나 긴장을 했는지 손에 땀이 났다.

1) 시험 문제가 ________었는지/았는지/였는지 100점을 받은 학생이 한 명도 없었어요.

2) 이야기가 어찌나 ________________________었는지/았는지/였는지 눈물이 다 났다.

3) 한국 음식이 어찌나 ____________었는지/았는지/였는지 몸무게가 5kg이나 늘었다.

4) ________________었는지/았는지/였는지 집에 돌아오자마자 세수도 안 하고 잤어요.

5) ______________________________었는지/았는지/였는지 정신이 하나도 없었어요.

-는/ㄴ다면, -다면, -었/았/였다면, -이라면

◎ 제가 주인공이었다면 성공 대신 사랑을 선택했을 겁니다.

◎ 이 영화는 크리스마스에 사랑하는 사람과 함께 본다면 좋을 것 같다.

◎ 여주인공이 연기를 조금만 더 잘했다면 좋았을 텐데, 그 점이 좀 아쉽다.

1) ____는/ㄴ다면 세계 일주를 하고 싶다.

2) _______________________________________는/ㄴ다면 그 영화는 꼭 봐야 합니다.

3) _________________________________다면 영화는 자막 없이 보는 게 더 좋습니다.

4) _______________________________________었/았/였다면 한국에 안 왔을 거예요.

5) ______________________이라면/라면 ____________________________________.

19

쓰기

1. 영화평을 쓰려고 합니다. 다음 표를 완성하십시오.

영화 제목	괴물	
배경	한강 근처에 있는 매점	
내용	괴물에게 납치된 딸을 구하려고 가족들이 목숨을 걸고 싸운다.	
가장 기억에 남는 것 그 이유	• 할아버지와 아버지의 눈빛 • 아버지의 사랑을 느낄 수 있어서 감동적이었다.	• •
느낌	배우들의 연기가 인상적이고 내용도 긴장감이 넘치므로 '괴물'은 참 볼 만한 영화라고 생각한다.	

2. 다음과 같이 영화평을 써 봅시다.

괴물 ★★★★★

평화롭던 한강에 괴물이 나타나 매점 집 딸을 끌고 갔다. 그러자 온가족이 목숨을 걸고 괴물과 싸우는 것이 이 영화의 내용이다. 괴물이 나올 때마다 어찌나 긴장을 했는지 손에 땀이 다 났다.

그러나 영화를 보고 가장 기억에 남는 것은 무시무시한 괴물의 모습이 아니라 할아버지와 아버지의 눈빛이었다. 힘든 상황에서 '아버지' 라는 이름으로 강해지는 두 남자의 모습에서 큰 감동을 받았다.

마지막에 딸이 죽지 않았다면 더 좋았을 것 같다. 하지만 배우들의 인상적인 연기, 가족의 사랑을 느낄 수 있는 내용 등 영화 〈괴물〉은 여러 가지 면에서 참 볼 만하다고 생각한다.

☆☆☆☆☆

____

자르는 선

정리하기

1. 여러분의 영화평을 이야기해 봅시다.

2. 누가 영화의 내용과 느낌을 잘 썼습니까?

확인해 봅시다

	그렇다	보통이다	아니다
1. 영화평을 쓸 수 있습니까?	☐	☐	☐
2. 이 과에서 배운 표현을 잘 썼습니까?	☐	☐	☐
3. 전체적으로 앞 뒤 내용이 자연스럽게 연결됩니까?	☐	☐	☐
4. 맞춤법과 조사를 확인하기 위해 다시 읽어 봤습니까?	☐	☐	☐
5. 자기가 쓴 글에 몇 점을 주고 싶습니까?			/100

20과 '우리'는 정말 좋은 말이다

학습 목표 주제에 맞는 수필을 쓸 수 있다.

들어가기

우리

우리나라, 우리말……. 한국 사람들은 이 '우리'라는 단어를 아주 좋아한다. 일본말에서 '우리 집'은 '제 집'이고 '우리 엄마'는 '내 엄마'이다. 1년 전만 해도 나는 '우리'란 말에 단순히 복수를 나타내는 의미 외에 더 깊은 뜻이 숨어 있다는 걸 몰랐다.

우리 하숙집 언니가 얼마 전에 동경에 갔다 왔다. 언니는 동경에 갔을 때 서울 지사에서 같이 일했던 지사장을 만났다. 지사장은 아주 반가워하면서 주위 사람들한테 그녀를 소개할 때 "우리 영미 씨"라는 말을 여러 번 했다고 한다. 듣던 일본 사람들은 "우리 영미 씨데스"('데스'는 일본말로 '입니다'라는 뜻)라는 말을 들었을 때, 성이 '우리'이고 이름이 '영미 씨'라고 생각했을지도 모르겠다.

하여튼 언니는 그 지사장의 말에 아주 감동을 받았다고 했다. 그 일본 지사장은 서울에 있을 때부터 "우리 영미 씨는…"이라는 말을 항상 했다고 한다. 언니는 동경에서 '우리 영미 씨'란 말을 들으니 아주 기뻤고, 그 전 지사장이 얼마나 자기를 귀여워하는지를 그 '우리'라는 단어에서 느꼈다고 했다.

'우리'란 말은 정말 좋은 단어이고 일본말에도 똑같은 단어가 있으면 좋겠다.

(1998년 제7회 전국외국인 한글백일장 장원 가와우치 미키)

20

1. 한글 백일장에 참가한 일이 있습니까?

2. 수필에는 어떤 내용을 쓰면 좋겠습니까?

준비하기

1. 백일장 수필에 적당한 제목을 생각해 봅시다.

시간

고향

친구

2. 다음 표현을 연습해 봅시다.

-전만 해도

◎ 대학교에 입학하기 전만 해도 저는 한국말을 전혀 몰랐습니다.

◎ 10년 전만 해도 컴퓨터로 이메일을 보낼 줄 모르는 사람이 많았다.

◎ 얼마 전만 해도 자주 연락했었는데 그 친구가 유학을 가면서 소식이 끊겼다.

1) ______________________ 전만 해도 가족의 소중함을 크게 느끼지 못했다.

2) ______________________ 전만 해도 국제결혼을 하는 사람은 별로 없었습니다.

3) ______________________ 전만 해도 한국 사람의 이혼율은 그리 높지 않았다.

4) ______________________ 전만 해도 공중전화를 이용하는 사람들이 아주 많았다.

5) ______________________ 전만 해도 ______________________.

-을지도/ㄹ지도 모르겠다

◎ 다른 사람들은 내가 한국 사람이라고 생각했을지도 모르겠다.

◎ 한국말을 배우지 않았다면 지금쯤 중국에서 일하고 있을지도 모르겠다.

◎ 10년쯤 후에는 고향에 돌아가 한국말을 가르치고 있을지도 모르겠습니다.

1) 20년쯤 후에는 ______________________.

2) 고등학교 때 친구들은 내가 ______________________.

3) 이번 주말에 시간이 없으면 ______________________.

4) 좀 더 빨리 수술을 받았으면 ______________________.

5) 첫사랑과 결혼했다면 지금쯤 ______________________.

쓰기

1. 수필을 쓰려고 합니다. 다음과 같이 마인드맵을 완성하십시오.

제목 : 우리 고향이 어디더라

주제 : 고향

경험 : 부모님이 이혼하신 후 자주 이사를 다녀서 친구 사귀기가 어려웠다.

느낌 : 대한민국이 내 고향이 되었으면 좋겠다.

제목 :

주제 :

경험 :

느낌 :

2. 다음과 같이 수필을 써 봅시다.

우리 고향이 어디더라?

제겐 고향이 없습니다. 미국 오크라호마 주 우드워드 시에서 태어났지만 오래 살지 않았기 때문에 거기가 제 고향이라고 생각하지 않습니다. 어렸을 때 자주 이사를 다녔고 부모님은 이혼 후에도 계속 서로 멀리 이사를 가셨기 때문에 지금 제가 특별히 집이라고 느끼는 데가 없는지도 모르겠습니다. 매년 여름마다 두 분 부모님이 계시는 곳을 왔다 갔다 하면서 새 친구를 만나기가 점점 힘들어져서 저는 결국 왕따가 되어 버렸습니다.

그러다가 고등학교 2학년 때 미국 역사 교실에서 한 재미교포 친구를 만났는데 서로 공통점이 많아서 금방 친해졌습니다. 그 친구가 소개해 준 다른 재미교포 친구들하고 같이 노래방에도 가고, '일요일은 즐거워' 같은 한국 방송도 보면서 한국에 많은 관심을 가지게 되었습니다.

지금 생각해 보니까 대한민국이 제 고향이 되었으면 좋겠습니다. 물론 휴전 중이고 인구가 엄청나게 많은 단점이 있긴 하지만 한국 사람이 대부분 친절하고 한국에는 제가 싫어하는 게 거의 없기 때문에 대한민국에 오래 산 후에 귀화를 해서 대한민국을 제 고향이라고 부르고 싶습니다.

(2003년 제12회 전국외국인 한글백일장 금상 저스틴 킨지)

자르는 선

20

'우리'는 정말 좋은 말이다

정리하기

1. 여러분이 쓴 수필을 읽어 봅시다.

2. 누구를 장원으로 뽑고 싶습니까?

확인해 봅시다

	그렇다	보통이다	아니다
1. 수필을 쓸 수 있습니까?	□	□	□
2. 이 과에서 배운 표현을 잘 썼습니까?	□	□	□
3. 전체적으로 앞 뒤 내용이 자연스럽게 연결됩니까?	□	□	□
4. 맞춤법과 조사를 확인하기 위해 다시 읽어 봤습니까?	□	□	□
5. 자기가 쓴 글에 몇 점을 주고 싶습니까?			/100

모범 답안

다음의 해답 중 문장 만들기는 예시일 뿐입니다.
학생의 수준에 따라 다양한 문장이 가능합니다.

1과 댓글을 남겨주세요

어휘 답안

1. 달다
방명록
방문하다

표현 답안

2. 1-1) 쓰기 숙제를 해 가지고
2) 돈을 모아 가지고
3) 사진을 찍어 가지고
4) 노래를 열심히 연습해 가지고
5) 컴퓨터를 배워 가지고

2-1) 일찍 일어나는 편이다
2) 어려운 편입니다
3) 다른 사람에 비해서 많이 마시는 편이다
4) 싼 편입니다
5) 추위를 많이 타는 편입니다

2과 아침은 조금이라도 꼭 먹는다

어휘 답안

1. 가까이하다
될 수 있는 대로
지키다

표현 답안

2. 1-1) 꾸중
2) 짠 음식
3) 자동차
4) 부정적인 생각
5) 살을 빼기 위해서 굶기, 운동

2-1) 휴대전화를 끈다
2) 준비 운동을 한다
3) 사랑하는 사람을 생각한다
4) 다른 사람의 시험지를 보지 않는다
5) 음주운전을 하지 않는다

3과 반드시 손을 씻고 먹을 것

어휘 답안

1. 적다
연락하다
취소하다

표현 답안

2. 1-1) 전화했음, 전화할 것, 전화해 달라고 함
2) 연락했음, 연락할 것, 연락해 달라고 함
3) 전했음, 전할 것, 전해 달라고 함
4) 준비했음, 준비할 것, 준비해 달라고 함
5) 연기됐음
6) 취소됐음

2-1) 도착하는
2) 이 책을 다 읽는
3) 신청서를 쓰는
4) 이 연락을 받는, 사장님
5) 이 메모를 보는

4과 이 기회를 놓치지 마세요

어휘 답안

1. 팔다
흥정하다
구입하다

표현 답안

2. 1-1) 조선시대에 왕이 살던
   2) 누나가 쓰던
   3) 어머니께서 끼시던 반지를
   4) 유학생활을 하면서 쓰던
   5) 제가 키우던

   2-1) 한여름
   2) 진짜
   3) 어머니가 직접 담그신 김치
   4) 새 책
   5) 천사, 호랑이, 무섭다

5과 참석해 주시기 바랍니다

어휘 답안

1. 모임
   장소
   회비

표현 답안

2. 1-1) 취직하려고
   2) 여행을 가려고
   3) 세계 여행을 하려고
   4) 대학에 들어가려고
   5) 영화를 보려고

   2-1) 운동을 하시기
   2) 내 주시기
   3) 참석해 주시기
   4) 축복해 주시기
   5) 꼭 참석하기

6과 싸게 사려면 어디로 가야 하나요?

어휘 답안

1. 저렴하다
   알려 주다
   도움이 되다

표현 답안

2. 1-1) 어떻게 연습해야 하나요
   2) 무엇을 준비해야 하나요
   3) 한국 친구를 사귀려면
   4) 단풍을 구경하려면
   5) 컴퓨터를 싸게 사려면 어디에서 사는 게 좋은가요

   2-1) 정말 외롭던데요
   2) 경치가 아름답던데요
   3) 꽤 어렵던데요
   4) 전통 찻집이 많던데요
   5) 생각보다 힘들던데요

7과 사랑하는 고모님께

어휘 답안

1. 안부
   부치다
   감사하다

표현 답안

2. 1-1) 배가 고플
   2) 힘드실
   3) 피곤할

4) 바쁘실
5) 무거울, 같이 들어요

2-1) 똑똑하기는
2) 힘들기는
3) 가볍기는
4) 살기에 편리하기는
5) 보약이, 쓰기는, 건강에는 좋아요

8과 쇠고기에다 야채를 넣어서 잘 볶으세요

어휘 답안

1. 먼저
중간 불
그 다음에

표현 답안

2. 1-1) 바퀴
2) 냉면
3) 수첩
4) 잼을 발라서 드세요
5) 꽃을 꽂아서 선생님 책상 위에 놓았어요

2-1) 간장에 찍어서
2) 눌러서
3) 끓여서
4) 구워서
5) 야채를 작게 썰어서

9과 나라마다 그 나라를 상징하는 것이 있습니다

어휘 답안

1. 기념하다
유명하다
대표적이다

표현 답안

2. 1-1) 춤도 잘 추는 데다가
2) 시설이 좋은 데다가
3) 기름이 적게 드는 데다가
4) 늦게 일어난 데다가
5) 요리도 잘 하시는 데다가 유머 감각도 있으시다

2-1) 유명 가수 사진이 걸려
2) 글씨가 쓰여
3) 쌓여
4) 난로가 켜져
5) 문이 잠겨

10과 요즘 사람들은 건강에 관심이 많다

어휘 답안

1. 날씨
계획
결심하다

표현 답안

2. 1-1) 편지를 받고
2) 전화를 받고
3) 식사를 하고
4) 수업을 듣고
5) 책을 읽고, 독후감을 썼다

2-1) 영화를 보자고
2) 한잔하자고
3) 특별한 음식을 먹자고
4) 친구가 편하게 가자고
5) 친구가 한국 요리를 배워 보자고 해서 같이 학원에 등록했다

11과 보내 주신 메일을 잘 받았습니다

어휘 답안

1. 보내다
   저장하다
   삭제하다

표현 답안

2. 1-1) 감기에는 생강차가 좋던데
   2) 주말에는 표 사기가 어렵던데
   3) 인터넷에 정보가 많던데
   4) 친구가 언어 교환할 사람을 구하던데
   5) 푹 쉬면 생각이 더 잘 나던데

   2-1) 교내 동아리에 가입해 보세요
   2) 잠이 안 올 때 한번 마셔 보세요
   3) 요즘 시립미술관에서 피카소 그림을 전시하고 있으니까
   4) 그런 문제는 혼자 해결하기 어려우니까
   5) 남대문 시장에는 여러 가지 물건이 있으니까 구경해

12과 한번 가 볼 만한 곳입니다

어휘 답안

1. 박물관
   구경하다
   안내하다

표현 답안

2. 1-1) 전통 찻집이 많기, 가 볼
   2) 음악이 좋아서, 볼
   3) 쓸
   4) 승진할
   5) 번역은, 할

   2-1) 사물놀이와 난타가 있다
   2) 명동과 남산 한옥마을이 있다
   3) 등산과 자전거 타기가 있습니다
   4) 한국의 대표적인 명절로는
   5) 노인들이 할 만한 운동으로는 아쿠아로빅과 게이트볼이 있다

13과 대체로 마음에 듭니다

어휘 답안

1. 실제로
   만족하다
   신경 쓰다

표현 답안

2. 1-1) 스키를 타
   2) 상품평을 써
   3) 한국 요리를 해
   4) 비빔밥을 먹어
   5) 실제로 유학생활을 해, 더 외롭습니다

   2-1) 메모를 남겨 주셨으면 합니다
   2) 교환해 주셨으면 합니다
   3) 도와 주셨으면 합니다
   4) 꼭 와 주셨으면 합니다
   5) 배달해 주셨으면 합니다

14과 이 기사를 통해 새로운 사실을 알게 됐다

어휘 답안

1. 사건
   사고
   증거

표현 답안

2. 1-1) 어디든지 제시간에 갈 수 있다는 것이다
   2) 속도 조절을 잘 해야 한다는 것이다
   3) 작은 차의 좋은 점은
   4) 그 기업가의 훌륭한 점은
   5) 우리 하숙집에서 마음에 드는 점은 내가 좋아하는 생선을 자주 준다는

   2-1) 그 사람이 대통령이 될 거라고 생각한다
   2) 이 상품은 잘 팔릴 거라고 생각한다
   3) 현재 상황으로
   4) 남겨진 증거로
   5) 요즘 날씨로, 내일도 따뜻할

15과 그럴 땐 나처럼 노래 불러 봐

어휘 답안

1. 주룩주룩
   깡총깡총
   싱글벙글

표현 답안

2. 1-1) 따뜻한 차를 마셔
   2) 다른 사람하고 이야기를 나눠
   3) 부모님 목소리를 듣고 싶을
   4) 스트레스가 쌓일
   5) 머리가 아플, 나가서 산책을 해

   2-1) 점심도 못 먹을
   2) 못 알아들을
   3) 유학생활이 힘들면
   4) 날마다 한식만 먹으면
   5) 일을 너무 잘 하려고 하면, 일이 더 안 될

16과 단오를 아십니까?

어휘 답안

1. 별식
   풍습
   축하하다

표현 답안

2. 1-1) 마음이 따뜻하실
   2) 날씨가 좋아야 할
   3) 정보를 알아 볼 수 있을
   4) 새로운 경험을 할 수 있을
   5) 돈을 벌 수 있을, 경험도 쌓을 수 있다

   2-1) 길이 안 막혔으면
   2) 가족과 친구들이 많이 왔으면
   3) 이 일을 끝냈으면
   4) 비가 오지 않았으면
   5) 돈을 많이 벌었으면

17과 바다를 보러 갔다

어휘 답안

1. 숙박시설
   수학여행
   관광하다

표현 답안

2. 1-1) 대청소를 하느라고
   2) 친구와 이야기를 하느라고
   3) 친구 집에 들렀다 오느라고

4) 편안한 신발을 찾느라고
5) 회사 생활을 하느라고

2-1) 비가 올까
2) 늦을까
3) 극장에 자리가 없을까
4) 근처에 식당이 없을까
5) 감기에 걸릴까, 옷을 많이 입혔어요

18과 이 노래를 들려 주세요

어휘 답안

1. 방송
올리다
들려 주다

표현 답안

2. 1-1) 소설책을 읽곤
2) 눈이 오면 눈사람을 만들곤
3) 휘파람을 불곤
4) 찜질방에 가곤
5) 가족사진을 보곤

2-1) 온답니다
2) 그림을 아주 잘 그린답니다
3) 가족을 생각하면 힘이 난답니다
4) 요리를 한답니다
5) 우리 선생님이랍니다

19과 어찌나 감동적이었는지 눈물이 다 났다

어휘 답안

1. 영상
감독
배경음악

표현 답안

2. 1-1) 어찌나 어려웠는지
2) 웃겼는지
3) 맛있었는지
4) 어찌나 피곤했는지
5) 어찌나 음악 소리가 컸는지

2-1) 복권에 당첨이 된다면
2) 공포 영화를 좋아한다면
3) 듣기 실력을 기르고 싶다면
4) 그 친구를 안 만났다면
5) 내가 그 영화의 주인공이라면, 그 남자를 사랑하지 않았을 것이다

20과 '우리'는 정말 좋은 말이다

어휘 답안

1. 여행
만남
가족

표현 답안

2. 1-1) 유학을 오기
2) 10년
3) 몇 년
4) 휴대전화가 나오기
5) 며칠, 더웠는데 오늘은 꽤 쌀쌀하다

2-1) 종이로 된 책이 없어질지도 모르겠다
2) 외향적이라고 생각했을지도 모르겠다
3) 못 갈지도 모르겠습니다
4) 죽지 않았을지도 모르겠습니다
5) 중학교에 다니는 아이가 있을지도 모르겠다

어휘 색인

문법 색인